国家社科基金一般项目（15BGL073）
陕西省社科基金一般项目（2021R016）
陕西省软科学研究计划一般项目（2021KRM050）
陕西省社科界2020年度重大理论与现实问题研究项目（2020Z297）
西北工业大学精品学术著作培育项目资助出版

组织忘记对企业战略转型的影响研究

张小娣　著

机械工业出版社

本书的主要成果和创新之处体现在以下几个方面：新常态背景下企业战略转型的内涵和测度、组织忘记的形成机理、组织忘记的关键影响因素，以及组织忘记与企业战略转型的影响路径和机理、新常态下企业战略转型的策略。

本书兼具通俗性和学术性，从现实问题引出理论研究，并且注意与已有研究成果的衔接，内容全面、系统、成熟、可靠。

本书可为企业管理相关专业的教育和研究人员、企业中高层管理人员及科技管理部门的工作者提供参考。

图书在版编目（CIP）数据

组织忘记对企业战略转型的影响研究/张小娣著. —北京：机械工业出版社，2021.11

ISBN 978-7-111-69463-2

Ⅰ. ①组… Ⅱ. ①张… Ⅲ. ①企业战略—战略管理—研究 Ⅳ. ①F272.1

中国版本图书馆 CIP 数据核字（2021）第 218105 号

机械工业出版社（北京市百万庄大街 22 号　邮政编码 100037）
策划编辑：常爱艳　责任编辑：常爱艳　王　芳
责任校对：王　欣　封面设计：鞠　杨
责任印制：郜　敏
北京盛通商印快线网络科技有限公司印刷
2022 年 1 月第 1 版第 1 次印刷
169mm×239mm・11.75 印张・1 插页・245 千字
标准书号：ISBN 978-7-111-69463-2
定价：59.80 元

电话服务	网络服务
客服电话：010-88361066	机　工　官　网：www.cmpbook.com
010-88379833	机　工　官　博：weibo.com/cmp1952
010-68326294	金　书　网：www.golden-book.com
封底无防伪标均为盗版	机工教育服务网：www.cmpedu.com

前　言

目前我国经济发展已步入新常态，经济增长速度放缓，经济结构不断优化升级，经济增长从对投资和出口的依赖转为更多地依靠消费和内需，从要素驱动、投资驱动向创新驱动转变。过去许多企业赖以生存的条件，如人口红利、改革开放红利、资源环境红利，以及劳动力等生产要素的低成本比较优势都不复存在。在此形势下，战略转型成为摆在企业面前的重要课题，主动和深层次的转型已经成为企业可持续发展的关键。

战略转型是一个复杂和艰难的过程，学术界中组织学习与企业创新和战略转型相关的研究较多，但大多忽视了组织忘记的关键作用，而且有关企业战略转型内在机理的实证研究较少，多停留在组织行为分析层面，无法从理论层面对企业战略转型进行深层次的解释。本书综合组织忘记、动态能力和战略转型等基础理论，以逐层递进的结构，对新常态下企业战略转型的内涵和测度、组织忘记的形成机理、组织忘记的关键影响因素、组织忘记对企业战略转型的影响，以及企业战略转型的策略等研究进行介绍。这些研究的目的在于从理论上明晰组织忘记的形成机理以及对企业战略转型的影响机理，在实践上为新常态下企业战略转型提供新的思路和方法。本书反映的主要成果和创新之处体现在以下方面。

（1）新常态下企业战略转型的内涵和测度　通过文献分析和企业实地调研，深入分析了新常态下组织外部环境的变化。在此基础上，归纳总结了新常态下企业战略转型的内涵和特征。从战略转型过程的决策和实施两个阶段出发，结合战略转型和我国经济发展新常态的双重创新特征，从创新导向、战略转型决策和战略转型实施三个方面对新常态下的企业战略转型进行了维度划分。遵循演绎法的量表开发方法，设计开发了适合新常态下我国本土化的包含11个题项的企业战略转型测量量表，运用实证研究的方法对量表进行了信度和效度分析，验证了量表的合理性和科学性。理论上，此项研究成果可为将来相关研究提供可参考的测量框架，推动新常态下企业战略转型的实证研究的发展；实践上，此项研究成果可为新常态下的我国企业提供具体的转型思路和方向，帮助企业成功实施转型升级，实现健康持续发展。

组织忘记对企业战略转型的影响研究

（2）组织忘记的形成机理　选择定性研究方法，采用探索性案例研究，结合扎根理论对组织忘记的形成机理进行研究。选取了陕鼓动力、TCL、西拓电气、柳工集团和宗申集团五家典型企业进行实地调研和深度访谈，并通过各种渠道收集了丰富且翔实的一手和二手资料。以扎根理论为工具对原始资料逐一进行了开放性编码、主轴编码和选择性编码，通过完整且系统化的分析提炼出组织忘记形成机理模型，深入分析了个人和组织两个层面忘记的过程，以及个人和组织两个层面忘记的联系机制，揭示了企业内部组织忘记的形成机理。此项研究成果揭开了组织内部忘记行为形成和发展的面纱，能够进一步推动组织忘记研究的发展，并能更好地指导企业实践。

（3）组织忘记的关键影响因素　基于企业调研和文献分析，对组织忘记的影响因素进行了归类汇总，提取了转型背景下组织忘记的四个关键影响因素，即组织创新文化、扁平化组织结构、组织激励和变革型领导行为，分析了各关键影响因素对组织忘记的影响，以及各个影响因素之间的关系，建立了组织忘记关键影响因素概念模型并进行了实证研究，明确了各因素对组织忘记的影响大小以及因素之间的关系。理论上，此项研究成果是对组织忘记研究领域的有益补充；实践上，此项研究成果有利于指导企业从领导方式、组织文化等方面，通过组织忘记行为切实推进企业战略转型，所提策略的可操作性更强。

（4）组织忘记对企业战略转型的影响路径和机理　引入动态能力作为中介变量，将环境动态性作为动态能力和企业战略转型关系间的调节变量，建立了组织忘记、动态能力和企业战略转型之间关系的概念模型，并提出了相应的假设。通过实证研究对假设进行验证，得到以下结论：组织忘记对动态能力及企业战略转型均有显著的正向影响；动态能力与企业战略转型间存在显著的正向关系；动态能力在组织忘记与企业战略转型之间起到了中介作用；环境动态性在感知能力与企业战略转型之间起到了正向的调节作用。此项研究成果从组织忘记的视角对企业战略转型进行分析和阐述，揭示了企业通过组织忘记提升动态能力，进而促进战略转型的内在机理，得出的结论是对企业转型理论的重要补充，实现了组织忘记、动态能力、战略管理等领域的交叉融合，为我国企业提升动态能力和战略转型能力提供了新的研究视角、实现路径和理论指导。

（5）新常态下企业战略转型的策略　从优化领导方式、建立创新型企业文化、建立良好的激励机制、组织结构扁平化、创建学习社区和强化教育培训几个方面入手，提出了通过建立"忘记型组织"促进企业战略转型的策略。

总体上，本书在我国经济发展新常态背景下，从现实中提炼研究问题，经过规范的案例研究和实证研究，为企业战略转型提出了对策建议。本书综合组织忘记、动态能力、战略转型等基础理论，综合运用文献分析、理论分析、案例分析、访谈分析、SPSS 分析、AMOS 分析等方法，采取实证研究、案例研究和定性研究相结合的综合性研究模式，探索了组织忘记的形成机理、组织忘记对企业战略转型的影响机理，并在此基础上提出了通过建立"忘记型组织"促进我国企业战略转型的策略。研究成果不仅对组织忘记和战略转型相关研究具有重要理论启示，也对我国企业战略转型实践具有重要的现实指导意义。

本书是在国家社科基金一般项目（15BGL073）、陕西省社科基金一般项目（2021R016）、陕西省软科学研究计划一般项目（2021KRM050）和陕西省社科界 2020 年度重大理论与现实问题研究项目（2020Z297）的研究成果基础上整理而成的，由西北工业大学精品学术著作培育项目资助出版，在此表示感谢。

本书在写作过程中得到了西北工业大学管理学院的许多领导、专家学者及老师的指导，在此一并表示感谢。

本书有许多观点还有待时间检验，若有不妥之处，敬请读者批评指正。

著　者

目 录

前 言
第1章 绪论 ... 1
  1.1 研究背景及价值 ... 1
    1.1.1 现实背景 ... 1
    1.1.2 理论背景 ... 2
    1.1.3 研究意义和价值 ... 4
  1.2 研究内容 ... 5
  1.3 研究目标及技术路线 ... 7
    1.3.1 研究目标 ... 7
    1.3.2 技术路线 ... 7
  1.4 研究创新点 ... 9
  1.5 本章小结 ... 10
第2章 理论基础与文献综述 ... 11
  2.1 组织忘记相关研究 ... 11
    2.1.1 组织忘记的内涵 ... 11
    2.1.2 组织忘记的模型与维度划分 ... 14
    2.1.3 组织忘记的形成机理 ... 16
    2.1.4 组织忘记的其他相关研究 ... 18
  2.2 个体忘记相关研究 ... 20
    2.2.1 个体忘记的内涵 ... 20
    2.2.2 个体忘记的维度划分 ... 21
    2.2.3 个体忘记的其他相关研究 ... 22
  2.3 企业战略转型相关研究 ... 23
    2.3.1 战略转型的定义和内涵 ... 23

		2.3.2 战略转型的维度和测量	25
		2.3.3 战略转型的其他相关研究	25
2.4	本章小结		27

第3章 新常态下企业战略转型的测度研究 ... 28

- 3.1 文献综述 ... 28
- 3.2 新常态下企业战略转型的内涵和结构要素 ... 29
  - 3.2.1 新常态下企业战略转型的内涵 ... 29
  - 3.2.2 新常态下企业战略转型的结构要素 ... 30
- 3.3 量表设计和数据收集 ... 33
  - 3.3.1 量表设计 ... 33
  - 3.3.2 数据收集 ... 34
- 3.4 量表分析 ... 35
  - 3.4.1 量表信度检验 ... 35
  - 3.4.2 量表效度检验 ... 37
- 3.5 结论与讨论 ... 39
- 3.6 本章小结 ... 40

第4章 组织忘记的形成机理研究 ... 41

- 4.1 研究方法选择 ... 41
- 4.2 样本选择 ... 42
  - 4.2.1 样本企业选择 ... 42
  - 4.2.2 样本企业简要介绍 ... 43
- 4.3 数据收集 ... 53
- 4.4 数据分析 ... 54
  - 4.4.1 开放性编码 ... 55
  - 4.4.2 主轴编码 ... 63
  - 4.4.3 选择性编码 ... 64
- 4.5 组织忘记形成机理模型阐释 ... 65
- 4.6 本章小结 ... 68

第5章 组织忘记关键影响因素实证研究 ... 69

- 5.1 组织忘记影响因素的国内外研究 ... 69

- 5.1.1 组织创新文化因素 ····· 71
- 5.1.2 扁平化组织结构因素 ····· 72
- 5.1.3 组织激励因素 ····· 73
- 5.1.4 变革型领导行为因素 ····· 74
- 5.2 影响因素之间关系的研究 ····· 75
- 5.3 概念模型的构建与研究假设的提出 ····· 75
  - 5.3.1 概念模型的构建 ····· 75
  - 5.3.2 研究假设的提出 ····· 76
- 5.4 研究设计 ····· 84
  - 5.4.1 问卷设计 ····· 84
  - 5.4.2 变量测度 ····· 86
  - 5.4.3 数据收集 ····· 90
  - 5.4.4 数据分析 ····· 91
  - 5.4.5 结构方程模型的构建 ····· 97
  - 5.4.6 假设与模型检验 ····· 99
- 5.5 结果讨论 ····· 100
  - 5.5.1 假设检验结果 ····· 100
  - 5.5.2 假设检验结果讨论 ····· 101
- 5.6 本章小结 ····· 103

第6章 组织忘记对企业战略转型影响的实证研究 ····· 104

- 6.1 动态能力理论综述 ····· 104
  - 6.1.1 动态能力的定义和内涵 ····· 105
  - 6.1.2 动态能力的维度和测量 ····· 105
  - 6.1.3 动态能力的相关研究 ····· 108
- 6.2 环境动态性理论综述 ····· 109
  - 6.2.1 环境动态性的定义和内涵 ····· 109
  - 6.2.2 环境动态性的维度和测量 ····· 110
  - 6.2.3 环境动态性的相关研究 ····· 111
- 6.3 研究假设 ····· 112
  - 6.3.1 组织忘记与动态能力的关系 ····· 112

        6.3.2 组织忘记与企业战略转型的关系 ················· 114
        6.3.3 动态能力与企业战略转型的关系 ················· 116
        6.3.4 动态能力在组织忘记与企业战略转型间的中介作用 ········· 117
        6.3.5 环境动态性在动态能力与企业战略转型间的调节作用 ········ 118
        6.3.6 概念模型的构建 ························· 119
    6.4 实证分析 ······························· 120
        6.4.1 问卷设计和变量测度 ······················ 120
        6.4.2 信度和效度分析 ························ 123
        6.4.3 相关分析和回归分析 ······················ 128
        6.4.4 结果讨论 ···························· 134
    6.5 研究结论与实践启示 ························· 136
        6.5.1 研究结论 ···························· 136
        6.5.2 实践启示与管理策略 ······················ 137
    6.6 本章小结 ······························· 138

第7章 新常态下企业战略转型的策略研究及应用 ············· 140
    7.1 基于"忘记型组织"的转型策略研究 ·················· 141
        7.1.1 优化领导方式 ·························· 141
        7.1.2 建立创新型企业文化 ······················ 142
        7.1.3 建立良好的激励机制 ······················ 144
        7.1.4 建立扁平化组织结构 ······················ 145
        7.1.5 创建学习社区 ·························· 146
        7.1.6 强化教育培训 ·························· 148
    7.2 本章小结 ······························· 149

第8章 总结和研究展望 ···························· 150
    8.1 主要工作总结 ····························· 150
    8.2 研究展望 ································ 152

附录 ····································· 154
    附录A 新常态下企业战略转型调查问卷 ··············· 154
    附录B 组织忘记与企业战略转型调查问卷 ·············· 156

参考文献 ··································· 161

第 1 章

绪论

1.1 研究背景及价值

1.1.1 现实背景

我国经济将在一段时间内处于一个新常态的时期。新常态下,我国经济的发展速度将由高速转变为中高速,经济结构将不断进行升级和优化,经济驱动力将由要素驱动和投资驱动等逐渐转变为创新驱动。目前,我国经济的机遇和压力并存。一方面,党和政府积极推动经济发展,"一带一路"的提出、亚洲基础设施投资银行的建立,从产业格局上帮助我国企业拓展空间,政府大力推进大众创业、万众创新,这些都是当前我国经济面临的机遇。另一方面,新常态下,我国企业的经营将处于更加艰难的境地。首先,企业之间的角逐因其外部条件的强烈刺激变得更加激烈,整个行业的平均利润率将有所下降,企业要通过转型而探求符合企业自身特点的创新突破口;其次,近年来,我国对生态环境给予高度重视,国家大力倡导绿色生产、可持续发展,大力支持高科技制造业发展,企业之前降低人力、物力和财力成本,而忽视自然环境的传统运行模式已经过时。在这样的一个大背景下,战略转型成为摆在企业面前的重要课题,主动和深层次的转型已经成为企业可持续发展的关键(唐孝文 等,2015)。

企业战略转型是一个复杂和艰难的过程。拉姆·查兰等(2014)在其著作《引领转型》中指出,在这个变革日新月异、形势变幻莫测的时代,企业唯有转型才能生存,而转型不当又会使企业面临灭亡的危险。企业在转型期间,必然会遇到由多种不确定因素而造成的负面影响,如运营成本增高、短期适应能力降低、结构重组困难、管理难度加大以及知识结构紊乱等。随着企业战略转型的不断深入,企业会面临众多复杂的未知因素,很难衡量和把握自身的转型能力。面对瞬息万变的环境以及各个方面的危机,企业必须清楚地审视自身的优势和劣势,结合自身特点及时进行改变以应对变幻莫测的外部环境，并积极谨慎地找到适合自己的转型之路。否则，企业将会因转型失败而处于进退两难的状态并陷入危机当中。所以，如何准确把握新常态的脉搏，牢牢掌控市场环境和政策的变化，安全高效地进行企业转型，从而从容地走向未来，是当前我国很多企业必须要思考的关键问题。

改革开放至今，我国企业在技术、管理等领域已经储备了一定的知识。这些知识储备对企业而言是至关重要的资源。很多企业坚守着这些资源，当环境发生变化后，往往不愿意丢弃那些不合时宜的资源；不合时宜的资源在企业发展过程中也可能已使企业形成了一定的惯例，这些惯例曾经对企业的发展起到很重要的作用。但是，当环境发生变化，尤其是当今遇到国内国外异常复杂的变化时，就必须要舍弃这些不合时宜的资源和惯例，以及建立在这些过时的惯例上的管理或者技术上的路径依赖和陷阱。只有舍弃、忘记这些过时的资源和惯例，企业才能更好地面对变化，实施转型。我国企业在不断提升开放程度的同时，也在不断地学习西方企业的管理和技术等，但是，一味地学习这些知识，而不加以判别，就会使企业陷入另外一种拿来主义的陷阱中。因此，企业通过组织忘记加强甄别能力，选择适合自己的知识或者资源是其面临的一个重要问题，如何处理此问题也引起了企业管理层、政府机构以及学者们的广泛关注。

1.1.2 理论背景

战略转型一般被认为是战略变革的一种特殊形式，是与"渐进式变革"相对应的"转型式变革"（邓少军 等，2011），国内外学者针对战略变革（strategic change）的研究较多，直接针对战略转型（strategic transformation）的研究较少。对于战略转型的具体概念和内涵，学术界还缺乏统一的认识。如：Greiner 等（2003）认为，企业战略转型表现为大幅度改变企业内部组织、市场地位和财务绩效；芮明杰等（2005）认为企业战略转型具体主要表现为企业的战略理念、组织结构、人力资源、运行方式以及企业文化等均发生根本的变化；薛有志等（2012）认为企业战略转型是指以实现那些构成企业战略的组织要素之间的匹配为目标，系统性地改变原有战略要素的特征或要素结构，从而使得企业战略定位或战略制定过程发生改变的战略行为。驱动因素方面，学者们认为公用事业行业改革（Erakovic et al., 2005）、相关制度环境的变化（Amis et al., 2004）、技术与竞争环境的变化（苏勇 等，2014）都会驱动企业进行战略转型。可见，企业战略转型是为了与外部环境动态相适应，我国经济发展的"新常态"所导致的企业外部环境的改变必然会对企业战略转型产生深刻影响，因此，厘清"新常态"下企业战略转型的内涵和构面是在我国企业战略转型研究亟待解决的首要问题。在企业战略转型的过程机理研究方面，近年来，知识管理、组织学习与战略管理的融合是该领域研究的一个重要进展。基于企业知识基础观，学者们认为战略变革实质是一种组织学习行为（项国鹏，2009），组织学习对企业战略转型具有关键作用（芮明杰等，2009）。韵江和陈丽（2014）研究了组织学习模式与战略变革的关系，唐健雄（2012）研究了组织学习对企业战略转型能力的影响。但随着研究的深入，学者们发现组织学习是一把双刃剑，组织学习并不总是增强组织适应力的，企业会学习过时或无用的知识，而这些知识往往损害组织变革行为（潘安成等，2009）。因此，及时摒弃无用和误导性的知识，也就是组织忘记是战略变革实施的关键因素（Hislop et al.，2014）。但有关组织忘记与企业战略转型的直接而深入的研究还很少，学者们只是在文献中对两者的关系进行了概略的分析（Tsang et al.，2008），组织忘记具体是通过何种路径作用于企业战略转型的，现有研究还没有给出明确解答。虽然近期有一些学者开始从动态能力的视角对企业战略转型进行研究，如邓少军等（2011）从动态能力的视角分析了企业战略转型的过程传导机制，唐孝文等（2015）从动态能力视角分析了转型的过程机理，都取得了一些成果。但当前研究仍存在一些问题，如：大多主要采取理论分析和案例研究的方法，很少采用定量的实证方法进行研究；企业战略转型构成维度和测度方面的研究很少见，使得该方面的研究结论缺乏一般性和推广价值。

相对于组织学习，学术界关于组织忘记的研究进展比较缓慢，相关研究集中在组织忘记的概念、测量、过程模型、前因和后果变量上，国内学者的研究主题与国外的基本相同，且数量较少。对于组织忘记的概念、维度划分和测量，学术界目前还没有统一认识。在概念方面，学者们主要从知识管理和惯例改变两个视角对组织忘记进行定义。如Cegarra-Navarro 等（2011）将组织忘记定义为组织"消除过时的知识"，Tsang 和 Zahra（2008）将组织忘记定义为组织惯例和信念的改变。在维度划分和度量方面，学者们往往根据自身研究需要将组织忘记划分为单维度（Casillas et al.，2010）、二维度（Cegarra-Navarro et al.，2005；Yang et al.，2014）或三维度（Cegarra et al.，2008；Yildiz et al.，2010）。在组织忘记的形成机理方面，学者们普遍认同个人是忘记的主体，组织忘记包含了个人和组织两个层面的忘记行为。Windeknecht 和 Hyland（2004）提出了包括个人学习/忘记、组织学习/忘记四个子过程的组织忘记模型，Laguë 等（2014）从管理流程视角分析了组织忘记产生的过程，Hislop et al.（2014）提出了个人忘记的四种模式。总体来说，对个人忘记和组织忘记的研究都不够丰富，对个人忘记的研究更少，且个人层面和组层面的忘记是如何相互联系的，当前研究还没有给出解答，因此组织忘记产生和发展的内在机理还有待进一步揭示。在组织忘记的前因变量方面：Wong 等（2012）、Lee 和 Sukoco（2011）、Pighin 和 Marzona（2011）、Zahra（2011）的研究中涉及了组织忘记的影响因素，但对组织忘记的影响因素进行系统分析和规范论证的研究还很少见；虽然 Becker（2010）对组织忘记的影响因素进行了专门研究，但其研究只是在一个组织进行的，且只用因子分析法提取出了主要影响因素，对于这些因素的作用强度和大小没有进行进一步验证。在组织忘记的后果变量方面，研究主要集中在新产品开发绩效（Akgün et al.，2007）、智力资本（Wensley et al.，2010）、知识管理（Cegarra-Navarro et al.，2011；王向阳 等，2011）及创新绩效（Rebernik et al.，2007；Wang，2013；卢艳秋 等，2014）、战略变革（Tsang et al.，2008）和动态能力（潘安成 等，2010）等方面。相关研究结果表明，组织忘记是影响动态能力形成的基础和前提条件（潘安成 等，2009），而动态能力对企业战略转型过程具有重要影响（唐孝文 等，2015）。然而截至目前，尚未发现有关组织忘记、动态能力和企业战略转型三者之间关系的专门研究，而厘清和理顺三者之间的内在逻辑关系和影响机理，无疑对指导企业战略转型实践具有重要的现实意义。

综上所述："新常态"下企业战略转型的内涵、维度划分和量表开发，组织忘记的形成机理、关键影响因素，这些方面的研究，国内外学者少有涉猎，需要进一步深入；而组织忘记与企业战略转型之间的关系究竟如何，仍需进一步的理论研究和实证检验。因此，本研究在我国经济发展"新常态"背景下，以组织忘记为研究重点，探讨企业战略转型的内涵和测度、组织忘记的形成机理和关键影响因素，以及组织忘记与企业战略转型的内在关系和影响路径，不仅在理论上能够明晰组织忘记对企业战略转型的影响机理，而且在实践上也能为"新常态"下企业进行战略转型提供新的思路和方法。

1.1.3　研究意义和价值

本研究的学术意义和价值体现在：

1）"新常态"下企业战略转型的内涵和测度是在中国情境下进行企业战略转型研究亟待解决的首要问题，本研究开发的"新常态"下企业战略转型的测度量表可为将来相关研究提供可参考的测量框架，推动"新常态"下企业战略转型实证研究的发展。

2）国内外有关组织忘记的相关研究还不成熟，组织忘记的形成和发展机理等基本问题还有待解决，因此，本研究对组织忘记形成机理和关键影响因素的研究，揭开了组织内部忘记行为形成和发展的面纱，能进一步推进组织忘记研究的发展。

3）学术界中对组织学习、战略转型和变革的研究较多，但却忽视了组织忘记的关键作用；对企业实施战略转型的内在机理进行系统研究的较少，大多停留在组织行为分析方面，无法从理论层面对企业战略转型行为进行深层次的解释。本研究从组织忘记的视角对企业战略转型进行研究，是对企业战略转型理论的有益补充；将动态能力纳入组织忘记和战略转型的研究框架之中，研究三者之间的相互关系和作用路径，进一步揭示了企业战略转型这一具有较大风险的变革行为的内在机理，实现了组织忘记、动态能力、战略管理等领域的交叉融合，为提高我国企业战略转型能力奠定了理论基础。

本研究的应用价值体现在：

1）企业战略转型的目的是适应外部经营环境的变化，我国经济发展的"新常态"必然会对企业战略转型产生深刻影响，因此本研究对"新常态"下企业战略转型的内涵和测度的研究能够帮助企业对新形势下的战略转型有更全面和清晰的认识，具有很强的现实意义。

2）本研究从个人层面和组织层面研究组织忘记的形成机理，并厘清组织忘记的关键影响因素，更有利于指导企业从人力资源管理、组织文化等方面，通过组织忘记行为切实推进企业战略转型，使策略的可操作性更强。

3）如何打破战略刚性、推进战略转型的实施，是实践中企业迫切需要解决的问题。国内的研究大多主要采取理论分析和案例研究的方法，由于在案例研究过程中，研究者往往过分重视对历史事件的描述，并且主要依赖于个别人所提供的相关信息，因此其研究结论的信息基础不牢固，而且这类研究更多的是总结历史而不是面向未来，其研究结论缺乏一般性和推广价值。本研究通过大样本的问卷调查对组织忘记与企业战略转型的内在关系和影响路径进行研究，明确了组织忘记对战略转型的影响路径，研究结论更具有一般性和应用价值。

4）本研究从优化领导方式、树立创新价值观、建立良好的激励机制、使组织结构扁平化、创建学习社区和教育培训措施等方面入手，提出了"新常态"下通过建立"忘记型组织"促进企业战略转型的策略。

1.2 研究内容

本研究以我国实施战略转型的企业为研究对象，聚焦于经济发展"新常态"背景下组织忘记对企业战略转型的影响问题，具体研究内容如下：

组织忘记对企业战略转型的影响研究

（1）研究了"新常态"下企业战略转型的内涵和测度　通过文献分析和到企业实地调研，本研究深入分析了"新常态"下企业外部环境的变化，在此基础上，归纳总结了"新常态"下企业战略转型的内涵和特征。本研究从战略转型过程的决策和实施两个阶段出发，结合战略转型和我国经济"新常态"的双重创新特征，从创新导向、战略转型决策和战略转型实施三个方面对"新常态"下的企业战略转型进行了维度划分。本研究遵循"演绎法"的量表开发方法，设计开发了适合"新常态"下我国本土化的包含11个题项的企业战略转型测量量表，并运用实证研究的方法，对量表进行了信度和效度分析，验证了量表的合理性和科学性。

（2）研究了组织忘记的形成机理　本研究选择定性研究方法和探索性案例研究方法，结合扎根理论对组织忘记的形成机理进行研究。选取了陕鼓动力、TCL、西拓电气、柳工集团和宗申集团五家典型企业进行实地调研和深度访谈，并通过各种渠道收集了丰富且翔实的一手和二手资料。以扎根理论为工具对原始资料逐一进行了开放性编码、主轴编码和选择性编码三级编码，通过完整且系统化的分析，提炼出组织忘记形成机理模型，深入分析了个人层面忘记的过程和组织层面忘记的过程，以及个人层面和组织层面忘记的联系机制，揭示了企业内部组织忘记的形成机理。

（3）研究了组织忘记的关键影响因素　本研究基于企业实地调研和文献分析，对组织忘记的影响因素进行了归类汇总，提取了转型背景下组织忘记的四个关键影响因素：组织创新文化、扁平化组织结构、组织激励以及变革型领导行为。本研究分析了各关键影响因素对组织忘记的影响，以及各个影响因素之间的关系，建立了企业组织忘记关键影响因素概念模型并进行了实证研究，明确了各因素对组织忘记的影响大小以及因素之间的关系。

（4）研究了组织忘记对企业战略转型的影响路径和机理　本研究引入动态能力作为中介变量，将环境动态性作为动态能力和企业战略转型关系间的调节变量，建立了组织忘记、动态能力和企业战略转型之间关系的概念模型并提出了相应假设。本研究通过实证研究对假设进行验证，并得到以下结论：组织忘记对动态能力及企业战略转型均有显著的正向影响；动态能力与企业战略转型间存在显著的正向关系；动态能力在组织忘记与企业战略转型关系间发挥中介作用；环境动态性在感知能力与企业战略转型的关系间发挥了正向的调节作用。

（5）提出了"新常态"下企业战略转型的策略　在理论和实证研究的基础上，本研究从优化领导方式、树立创新价值观、建立良好的激励机制、组织结构扁平化、创建学习社区和教育培训措施等方面入手，提出了通过建立"忘记型组织"促进企业战略转型的策略。

1.3 研究目标及技术路线

1.3.1 研究目标

本研究的总体目标是：研究"新常态"下企业战略转型的内涵和测度，剖析组织忘记的形成机理和关键影响因素，探索组织忘记动态能力和企业战略转型的相互关系和影响机理，明确组织忘记对企业战略转型的作用路径。依据研究的总体目标，确定具体目标如下：

1）深入分析"新常态"下企业战略转型的内涵，刻画企业战略转型的构面，并开发其测度量表。

2）剖析个人层面和组织层面的忘记过程及两者的联系机制，从而揭示组织忘记的形成机理，识别和提炼组织忘记的关键影响因素，明晰各因素对组织忘记的作用强度。

3）探索组织忘记、企业战略转型的相互关系和影响机理，以及环境动态性、企业规模等情景变量的影响，明确组织忘记对企业战略转型的作用路径。

4）在理论和实证研究的基础上，提出"新常态"下企业战略转型能力的提升策略。

1.3.2 技术路线

本研究的技术路线如图 1-1 所示。

本研究以跟踪国内外最新研究成果为基础，可分为理论准备、探索性案例研究、理论模型研究、实证研究、策略研究五个阶段。基本思路和具体研究方法如下：

（1）理论准备阶段　首先，在查阅和研读相关文献的基础上，采用文献分析法，对"新常态"、组织忘记和企业战略转型主题的已有研究资料进行统计、分析和综合，具体分析"新常态"下企业战略转型的内涵和构面，从个人层面和组织层面剖析组织忘记的形成机理和关键影响因素。其次，运用深度访谈法，对典型企业相关人员进行多轮次的深度访谈，借助于内容分析的方法对相关访谈记录进行整理分析。最后，通过专家会议法，即与相关研究领域的专家进行交流和探讨，对组织忘记的构面进行探索、完善和修正。

组织忘记对企业战略转型的影响研究

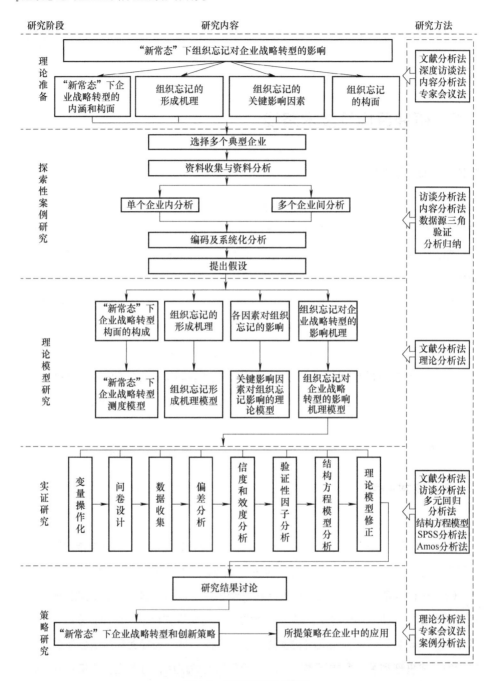

图 1-1 本研究的技术路线

（2）探索性案例研究阶段　首先，选择多个典型企业作为本研究的合作企业，通过收集企业内部文档等资料，掌握企业的基本情况，确定访谈的重点问题。其次，对选择的每个企业进行多轮次的深度访谈，对获取的企业内部资料、访谈的文字和资料等进行记录和整理。再次，采用扎根理论作为分析工具，对所选企业进行单个企业内分析、多个企业间分析。通过开放性编码、主轴编码、选择性编码，进行完整且系统化的分析，然后提出假设。

（3）理论模型研究阶段　采用文献分析法和理论分析法，在探索性案例研究的基础上，分别构建组织忘记形成机理模型、"新常态"下企业战略转型的测度模型、关键影响因素对组织忘记影响的理论模型，以及组织忘记对企业战略转型的影响机理模型。

（4）实证研究阶段　为了使研究对象和样本具有代表性，本研究选择我国不同地区、不同行业、不同规模、不同成立时间的企业作为研究与调查对象。为了保证测量工具的信度和效度，本研究首先，通过文献分析法查找和选择国内外已经被前人使用过、并被证明效度良好的度量指标；其次，结合访谈分析法，对所选择的量表及其用词进行适当的调整与改进，进行问卷设计，并形成符合我国情境的研究量表；最后，在问卷正式定稿之前，选择多家企业进行问卷的预调研，评估问卷设计及用词的准确性，再根据预试者提供的意见对问卷进行修订。在数据收集方面，为了保证数据的质量，采用两种方式来收集数据：①典型企业的调研访谈法，主要收集定性数据，如组织忘记、企业战略转型的构面，组织忘记的可能影响因素等定性信息；②大规模问卷调查法，通过直接到企业发放纸质问卷、利用网络发放电子问卷的形式，收集实证研究所需数据。在数据分析方面，首先，对所获取的数据进行偏差分析、信度和效度分析，其次，采用结构方程模型分析关键影响因素对组织忘记的影响，即进行验证性因子分析；最后，采用多元回归分析法分析组织忘记、动态能力、企业战略转型之间的影响机理，对于整个研究模型的结构和内部关系以及模型的可靠性则采用 SPSS 分析法和 Amos 分析法进行处理，完成方差分析，修正理论模型。

（5）策略研究阶段　根据理论模型研究和实证研究的结果，讨论有关结论的理论和实践意义，经过系统化的理论分析、专家会议、案例分析，提出"新常态"下企业战略转型策略。

1.4　研究创新点

本研究的特色和创新之处体现在：

（1）"新常态"下企业战略转型的内涵和构面研究　企业战略转型的目标是与外部经营环境相匹配的，"新常态"作为我国经济发展的新动态，对企业战略转型会产生怎样的影响，这是研究我国情境下的企业战略转型需要解决的首要问题。本研究通过文献研究和企业实地调研，深入分析"新常态"对企业战略转型内涵和构面的影响，并将其体现在对企业战略转型度量项目的设计中，为后续的实证研究打下基础。

（2）组织忘记形成机理研究　国内外有关组织忘记的相关研究还不成熟，组织内部的忘记行为是如何形成和发展的，目前还是"黑箱"，这限制了组织忘记的相关研究成果指导企业实践。本研究在已有文献的基础上，通过案例研究和半结构化访谈，深入分析个人层面和组织层面的忘记过程，以创建学习社区为切入点探讨个人层面和组织层面忘记的联系机制，从而揭示企业内部组织忘记的形成机理，以更好地指导企业实践。

（3）组织忘记对企业战略转型的影响路径研究　学术界中组织学习、战略转型和变革相关的研究较多，但却忽视了组织忘记的关键作用，且有关企业战略转型内在机理的实证研究较少，大多还停留在组织行为分析层面，无法从理论层面对企业战略转型行为进行深层次的解释。动态能力被看作是应对变革的一种组织过程或战略惯例，其本质是一种变革导向型能力（Eisenhardt et al., 2000），十分适宜用于研究组织的变革（Lawson et al., 2001）。因此，本研究将动态能力纳入组织忘记和企业战略转型的研究框架之中，并探讨环境动态性等情景变量的调节作用，通过大样本的问卷调查对动态能力、组织忘记和企业战略转型三者之间关系和影响机理进行实证研究，明确了组织忘记对企业战略转型的影响路径，研究结论更具有一般性和应用价值。

1.5　本章小结

本章首先介绍了本研究的现实背景和理论背景，阐述了本研究的意义和价值，其次介绍了本研究的研究内容，给出了本研究的研究目标及技术路线，最后总结了本研究的创新点。

第 2 章

理论基础与文献综述

2.1 组织忘记相关研究

2.1.1 组织忘记的内涵

忘记，辞典将其解释为不记得过去的事。生物学认为忘记能够减轻大脑的空间压力，从某种程度上也起着积极作用。学术界关于忘记的研究主要分为两大范畴：心理学范畴认为，忘记属于记忆的更新，是清除旧惯例等"记忆垃圾"的过程；而在认知学领域，忘记被视为结构的变化，如思想、观念的变化等。总而言之，现阶段，忘记能够对人类记忆体系产生正面影响和促进组织学习这种观点得到学术界的普遍认可。

组织忘记最早作为一种学术概念被提出是在 Hedberg（1981）的研究中，Hedberg 在研究 Schön 的两阶段组织学习模型时发现，在组织学习的过程中既有知识的产生，又有知识的忘记。他所发现的忘记被视为无意识的组织忘记。换句话说，组织知识被不经意地忘记或遗失。之后学术界对于组织忘记概念的界定众说纷纭。Newstrom（1983）将组织忘记定义为"减少或消除组织现有知识或习惯的过程，否则这些知识或习惯将成为新学习的巨大障碍"；Nystrom 和 Starbuck（1984）则将组织忘记定义为"发现旧思想的不足并抛弃它们"的过程，并将其视为预防组织危机的重要工具。随着组织忘记逐渐引起学术界的重视，更多的学者对其内涵进行了定义，如 Cohen 和 Levinthal（1990）在研究组织学习的两阶段模型时提出，组织在学习过程中产生的新知识也会逐渐被忘记，他提出的这种组织忘记实际上是一种无意识的忘记，属于被动忘记。这种观点随即受到了其他学者的质疑和否定，Holan 和 Phillips（2004）指出，组织忘记是一种战略上的放弃，组织应该忘掉一些废旧的知识来应对环境中存在的危机，这种组织忘记实际上是一种有目的的组织忘记，即组织主动忘记一些无用的或者过时的知识。Bettis 和 Prahalad（1995）将组织忘记描述为组织学习的一个重要组成部分，认为其主导逻辑所涉及的战略性学习和非战略性学习不可分割地交织在一起；Tsang 和 Zahra（2008）随后也在研究中指出，组织忘记是一个渐进的、持续的过程，或多或少与组织学习同时进行，并且与组织学习紧密相关；Anand 和 Glick（1998）认为组织忘记意味着组织部分内存的中断和重新创建，当旧惯例被新惯例替换时，旧惯例会逐渐从组织的内存中删除。Akgün 等（2003）则将组织忘记定义为企业消除原有知识，进行新的学习的过程，认为组织忘记是学习的一种重要形式；Nguyen（2017）认为，组织忘记实质上就是组织在发展中主动对旧知识进行去粗取精，同时也积极识别并吸纳新的有用的知识的过程；Nonaka 和 Takeuchi（2010）认为，组织忘记是组织再学习的过程，是用获取的新知识代替原有的旧知识的过程。

国内学者也纷纷投入到对组织忘记的研究中来，如潘安成（2009）认为组织忘记是消除原有知识的过程，它具有主动性和目的性，并且存在于每一个企业中；金智慧等（2009）也认为组织忘记是组织在辨别知识优劣的基础上，对无用知识的主动遗忘；卢艳秋等（2014）认为组织忘记是组织摒弃过时的或陈旧的惯例、信念、规范的过程，通过对已有信念、惯例和行为规范的改变，降低组织的惰性和刚性，使得组织在动态发展的环境中更具柔性；何永清等（2018）则认为组织忘记是组织在获取知识的过程中发生的知识遗忘行为。

综上所述，目前国内外学者们对组织忘记定义的研究，主要集中在组织知识、组织学习、组织记忆和组织变革四个视角，详见表2-1。

表2-1 不同视角下组织忘记的定义

角度	定　　义	学　　者	时间
组织知识	对旧知识的重组或系统内的转移	Short	1981
	组织知识的丢失过程	Hedberg	1981
		Lawrence 等	2004
		韵江、赵永德	2010
	企业排除旧的逻辑与行为，为新知识腾出空间的过程	Prahalad 和 Bettis	1986
	组织知识的放弃、替代、衰退等过程，侧重于知识的变化	Fiske 和 Taylor	1991
		Boutilier	1998
		Burns 和 Gomolinska	2001
		Akgün 等	2003
	组织对组织中的旧知识，在一定条件下不能再认识和回忆，或在回忆过程中发生错误	张西奎	2005
		吴欣、郭蕊	2006

(续)

角度	定义	学者	时间
组织学习	组织通过重复学习，代替或删除组织中旧有的沉淀或冗余的知识	Postman 等	1965
	通过组织记忆的丢失给组织带来新的学习的过程	Greeno 等	1971
		Walsh 和 Ungson	1991
	组织在学习的过程中丢失和舍弃组织知识的过程	曾俊健	2012
	组织学习的一种重要形式	Nystrom 和 Starbuck	1984
		Holan 和 Phillips	2004
		倪文斌	2006
	个人和组织放弃之前的学习内容（包括假设和心智模式），学习新的信息和行为的过程	Becker	2005
组织记忆	组织记忆中改变获取和重新获取的过程	Walsh 和 Ungson	1991
	有目的丢弃记忆的过程	Stein	1995
		Nicolini 和 Meznar	1995
	部分组织记忆的破坏与重构的过程	Anand 等	1998
	在组织中陈述性记忆（信仰）和程序性记忆（常规）的相关改变	Akgün 等	2007
组织变革	不断改变其方法和流程以适应变化的环境	Hedberg	1981
		Klein	1989
		Hamel 和 Prahalad	2007

从组织知识的视角出发：组织忘记被 Short（1981）定义为对组织内部旧知识的重组和转移的过程；韵江和赵永德（2010）认为组织忘记是丢弃组织知识的过程；张西奎（2005）、吴欣和郭蕊（2006）认为组织无法识别旧知识和出现回忆错误的过程就是组织忘记。

从组织学习的视角出发：Walsh 和 Ungson（1991）认为组织忘记就是抛弃不合时宜的组织记忆，从而引起新的组织学习的良性循环过程；Holan 和 Phillips（2004）认为组织忘记是组织学习的重要形式之一；倪文斌等（2006）将组织忘记与组织学习这一对概念和组织知识联系在一起，认为组织学习是组织记忆系统进行的新知识"充值"过程，与此相反，组织忘记是从组织记忆系统进行的旧知识清除过程；曾俊健（2012）认为组织忘记是组织知识在学习过程中发生的主动性丢失和舍弃。

从组织记忆的视角出发：Walsh 和 Ungson（1991）指出组织忘记是组织记忆改变和重新获取的过程；Stein、Nicolini 和 Meznar（1995）将组织忘记描述为有意识地遗失记忆的过程；Anand（1998）认为组织忘记是部分组织记忆系统被打破后进行重构的过程；Akgün 等（2007）将组织忘记阐释为在组织中关于陈述性记忆（信仰）与程序性记忆（常规）的改变。

从组织变革的视角出发：Hedberg（1981）、Hamel 和 Prahalad（2007）、Klein（1989）认为组织忘记是组织为适应环境变化不断调整其方法及流程的过程；Becker 和 Karen（2008）、Duffy（2003）阐述的组织忘记是指抛弃过时的方法，使用新思想和新行动。

通过对已有文献的分析可以发现，在组织忘记的整个研究历程中，对组织忘记的定义的研究主要从主动的组织忘记和被动的组织忘记两个方面展开。被动的组织忘记研究是从一种比较消极的视角看待组织忘记，认为随着时间的推移，已有的组织知识或者新获取的组织知识会出现一些无意识的损失或自然损耗。而主动的组织忘记则是从一种比较积极的视角看待组织忘记，学者们认为通过忘记一些过时的、无用的组织知识，可以为组织提供更大的记忆空间、更快的知识搜索速度和更广的创新思维，进而推动企业的进一步创新和变革。如果缺乏组织忘记的能力，那么组织现存的知识、核心竞争力将发展成为核心能力刚性或能力陷阱，阻碍企业的发展，甚至危及企业的生存。因此，学者们普遍认同对主动的组织忘记进行研究更具有现实意义，所以本研究所提的组织忘记是指主动的组织忘记。

另外，综合分析上述不同学者对于组织忘记的定义，可以发现，虽然他们的表达方式和侧重点各有不同，但也存在一些共同观点：①组织忘记是组织的一种主动的、有目的的行为，其目的是更好地学习以适应环境变化，进行组织创新和变革；②组织忘记意味着某种"改变"，这种改变或者是惯例和思维模式的改变，或者是对某些已有知识的摒弃；③组织忘记是一个过程而不是一个事件，更不是一蹴而就的，往往要经历较长的周期且会遇到较大的阻力。因此，通过综合分析、考量已有研究，本研究认为，组织忘记是指组织有意识、主动地摒弃一些过时的、落后于市场变化的、陈旧的组织知识，并积极获取和创造新知识，不断进行组织创新和变革的过程。

2.1.2 组织忘记的模型与维度划分

关于组织忘记的维度划分，学术界尚未形成明确统一的观点。郭雯（2003）指出组织忘记属于一种逆向学习进程，关键在于要对不利于组织发展的原有知识进行舍弃，给组织学习新知识提供一个良好的条件，进而重塑知识架构以达到知识创新的目的。Postman 等（1965）、Postman 和 Underwood（1973）提出了组织忘记产生的两种模式：

组织忘记与再学习的并存模式，组织忘记与再学习的替代模式。与此同时，基于S—R（刺激—反应）模型，Postman又提出组织忘记发生的三个模式：①破坏组织寻求、发现刺激因素的机制；②打破原有的刺激与反应的联系；③打破组织响应外部刺激的组合方式。Klein（1989）构建了学习的补充模型，指出组织忘记可以起到辅助组织学习的功能。Spender（1998）提出组织忘记的形成以组织中的个体忘记发生为前提。相当多的中外学者将组织忘记的模式划分为个体与组织两个层面。Cegarra-Navarro等（2012）在认知层面研究的基础上，搭建了个体忘记的三阶段过程模型，三个阶段分别是识别问题、改变认知方式、创造新型控制方法。Tennent和Windeknecht通过对组织文化、组织记忆以及惯性知识三个方面进行系统论述，模拟出个体忘记和组织忘记关系模型。Becker（2010）基于对知识类型领域的理解，构建了组织忘记层次理论模型：在个体层面，把组织忘记的知识划分为显性知识、隐性知识以及参考框架三种，其中参考框架包括个体的学习模式、认知能力、认知方式等；在组织层面，组织知识主要包括组织文化、惰性知识和组织记忆，在组织忘记的过程中，忘记的深入程度与忘记的难度成正比。国内学者金智慧、施建军（2009）从组织结构的角度，把组织忘记分为个体忘记和组织忘记两个层次，每个层次又包括三个阶段，分别为：个体忘记的问题识别、改变认知模式和引入新方法三个阶段；组织忘记的知识分离、知识分享和知识丢弃三个阶段。

  Akgün等（2003）以组织价值观和惯例的变化率为划分组织忘记的维度的标准，从这个角度提出了组织忘记模型（见图2-1），价值观变化率高且组织惯例变化率低的忘记是形成型忘记，正好相反则是调节型忘记；双高的是重塑型忘记而双低为控制型忘记。

	惯例变化率	
价值观变化率	低	高
高	形成型忘记	重塑型忘记
低	控制型忘记	调节型忘记

图2-1 Akgün等提出的组织忘记模型

  而很多国内学者，如吴欣和郭蕊（2006）、张西奎（2005）、金智慧和施建军（2009）、曾俊健等（2012）更普遍认可的是Holan和Phillips对组织忘记维度的研究。Holan和Phillips（2004）以多案例研究方法为基础，从组织忘记的性质和组织知识的新旧程度这两个维度出发，创造性地提出了组织忘记的四维度划分模型。组织忘记按照性质可以划分为主动忘记和被动忘记。主动忘记是指组织有目的地放弃一些陈旧、失效、阻碍进步的知识，从而促进组织学习效率的提升。被动忘记通常是指组织无意间丢失了对组织有帮助的良性知识。这些被组织无意间丢失的良性知识中包括显性知识和隐性知识,其中显性知识因需要组织重新学习而浪费了组织学习时间,更为严重的一个后果是丢失的隐性知识。被动忘记会在某种程度上对组织利益造成损害,甚至会阻碍组织的发展。以知识新旧程度为标准将组织忘记维度划分为忘记原有知识和忘记新知识。Holan 和 Phillips 提出的组织忘记模型如图 2-2 所示,组织忘记被分为四种维度,分别是:避免恶习、无法捕获、忘记学习和记忆衰减。

	主动忘记	被动忘记
新知识	避免恶习	无法捕获
原有知识	忘记学习	记忆衰减

图 2-2　Holan 和 Phillips 提出的组织忘记模型

除了以上将组织忘记分为多个维度进行衡量之外,也有部分学者选择单维度的划分方法,即直接运用一些具体的测量指标对组织忘记进行度量。比如,Casilla 等(2010)以单一维度的划分方式提出了包括"组织对改变运营方式是有准备的""组织倾向于探索解决问题的新方法""组织员工愿与他人合作解决问题""组织成员倾向于冒险"四个具体的测量指标,对组织忘记和国际化进程的关系进行了研究;我国学者王向阳等(2011)也同样采用了单一维度对组织忘记和企业知识管理的关系机理进行了研究,同时他还提出了包括"组织乐意从不同途径获取新知识""组织成员的知识和经验不断发生改变""组织会引入一些与已有知识相冲突的新经验和新知识"等五个具体测量指标。

Holan 和 Phillips(2004)以组织知识的新旧程度为基准对组织忘记进行划分的这种划分方式,相对来说对组织知识层面的探讨更为直观且深入,为后期探索组织忘记的影响因素以及实证研究提供了良好的研究条件。鉴于 Holan 和 Phillips(2004)对组织忘记维度划分的研究得到了国内外学术界的普遍认可,该划分方式的权威性得以证明,而且和本研究的主旨以及实际背景相匹配,因此本研究基于上述学者对于组织忘记维度划分的论述,采用 Holan 和 Phillips(2004)对主动组织忘记的维度划分方式,将组织忘记分为基于原有知识忘记的忘记学习和基于新知识忘记的避免恶习两个维度。

2.1.3　组织忘记的形成机理

在组织忘记的形成机理方面,很多学者分别从个体与组织两个不同的层面对忘记学习进行理解和剖析。关于个体层面，学者们对忘记学习的研究多集中在语言学习和心理研究以及个体认知方面：在语言学习和心理研究方面，忘记学习被认为是一种被插入性的学习，以及删除、更新原有刺激的动态过程；在个体认知研究方面，基于认知科学的视角，个体的忘记学习被认为是一种认知脉络、思维框架、理论结构、参考系等方面系列的改动。另外个体层面忘记学习的相关研究还包括记忆遗弃、记忆磨损、记忆痕迹恶化、反向阻碍等方面。组织层面的相关研究主要聚焦于组织变革和组织记忆。组织忘记学习与个体忘记学习的过程相似——这个观点得到了学者的广泛认可，忘记的主要表现及功能在于记忆的清理。Laguë 和 Rhaiem（2014）基于管理流程领域对组织忘记的产生过程进行了深入剖析。Hislop 等（2014）结合他人的研究提出了个人忘记的四种模式。

吴晓波等（2004）国内学者从知识与流程层面对忘记学习进行了界定，并且建立了技术范式转变时期组织从学习到忘记学习的演化过程模型（见图 2-3）。通过模型验证，他们指出，忘记学习是组织知识及流程产生改变的核心原因，也是组织面对新型技术范式的重要前提。忘记学习对组织陈旧的知识结构进行了调整，同时也改变了一系列伴随知识发生和运作的过程，比如知识的获取来源及通道、知识的存储方式以及知识的重组。与此同时，忘记所带来的改变也会产生相应的组织流程，比如制定新的战略规划、引进新型生产线以及重建知识体系等行为活动。

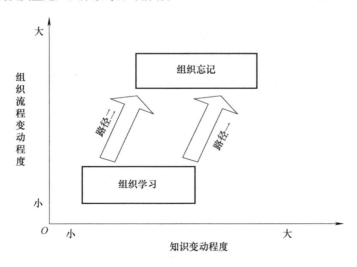

图 2-3　吴晓波等提出的组织学习和组织忘记的演化过程模型

倪文斌等（2016）认为，在组织运行过程中除了学习以外，忘记也扮演着很重要的角色。由于学习知识的复杂性和组织自身的容积限制，组织不会将所有的新知识都接受、吸收到组织记忆中,这就一定导致知识的部分忘记;同时,组织的记忆系统中的知识也会因为各种原因而被忘记。因此,组织忘记是组织知识丢失或忘记的动态过程。组织忘记可以分为原有知识的组织忘记以及新旧知识整合过程中发生的组织忘记。从图 2-4 中可知,组织忘记属于组织知识管理中产生的客观行为,是组织学习过程中必不可少的环节。

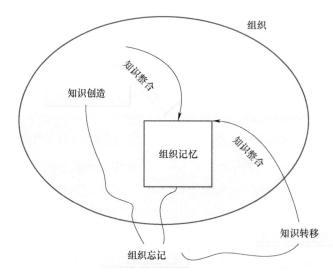

图 2-4　倪文斌等提出的知识创造、知识转移以及组织记忆的组织忘记

陈春花和金智慧等(2004)明确指出,组织无法像人的大脑那样进行真正的忘记等行为,组织忘记的前提是组织中的个体忘记,个体忘记的程度对组织忘记有着决定性影响。组织忘记过程可分为两个层次:①个体忘记,即个体成员依靠组织提供的学习环境,对知识进行交流学习,从而导致个体忘记的产生。变化是导致个体忘记的关键因素。②群体忘记,个体忘记的规模和程度达到一定程度会产生群体忘记。群体忘记可分为知识的分离、分享和丢弃三个主要阶段。周宪和黄晨阳(2013)总结出在组织中,群体忘记由个人忘记组成,群体忘记能够对组织忘记起到促进作用。

总体来说,已有文献对个体和组织层面忘记的研究都不够丰富,且个体层面和组织层面的忘记是如何相互联系的,现阶段的研究还没有给出完整且明确的解答。因此,组织忘记产生和发展的内在机理还有待进一步揭示。

2.1.4　组织忘记的其他相关研究

目前,学术界已普遍意识到了组织忘记研究的重要性。Cepeda(2007)认为,组织忘记是组织创新和变革成功的关键所在，组织忘记可以通过抛弃组织中旧的观念和方法，帮助企业完成组织中知识的吐故纳新。Mariotti（1999）更是指出，很多情况下，由于组织没有及时地进行组织忘记，导致其不能进行足够的组织变革和创新，从而失败。现在已进入纳秒时代，企业所处的环境比以往更加复杂多变，动态和不可预测的商业环境使得企业现有的产品、服务和知识迅速过时，因此，企业要想在动荡的环境中求得生存、发展并保持竞争优势，就必然选择组织忘记。

但是通过对已有文献进行分析可以发现，学术界有关组织忘记的研究还相对薄弱，尤其在探讨组织忘记的前因后果方面，已有研究的焦点主要集中于其后果变量上，对其前因变量的探究相对匮乏。

在后果变量方面，学者们关注的组织忘记的后果变量主要集中于组织创新、动态能力、组织绩效等相关领域。组织忘记与组织创新的关系一直是学术界关注的重点。目前学者们普遍认为组织忘记在提高组织创新能力方面具有积极影响。Cegarra-Navarro 等（2010）的研究指出：组织忘记有助于企业重新定位与市场环境的匹配程度，对于新信息、新资源的获取能够产生积极的促进作用，并且组织忘记可以对企业创新能力的提升产生积极的影响；通过改变或放弃过时的信念和惯例，组织忘记可以提高企业通过新思想、新流程的发展激励创新的能力。Rebernik 和 Širec（2007）在研究组织忘记和创新的关系时发现，组织忘记可以通过消除对组织有害的隐性知识而促进创新。曾俊健等（2010）通过实证研究证实了组织忘记对组织创新的促进作用，以及组织学习能力在二者之间所起到的中介作用。Kuo-Pin Yang 等（2014）将组织忘记划分为主动改变和被动遗忘两个维度，并以 193 家公司数据为样本证实了组织主动改变对根本性创新具有积极影响，而被动遗忘对根本性创新有消极影响。Yuliya（2018）构建了变革领导、组织忘记及组织商业模式创新的研究模型，实证检验了组织忘记对组织商业模式创新的积极影响。李远东（2016）在探讨组织忘记与组织绩效间的关系时，证实了组织忘记对突破式创新的积极作用。王丽平和赵飞跃（2016）从开放式创新出发，证实了组织忘记在商业模式创新形成过程中的积极作用。刘盼盼和罗鄂湘（2017）将组织间学习和组织内学习作为中介变量构建了组织忘记与商业模式创新的研究模型，证明了组织忘记能够对组织商业模式创新产生积极影响；邢丽微和李卓键（2017）研究了组织忘记与企业原始性创新间的关系，通过对 300 多家企业数据进行分析，发现组织忘记能够促进原始性创新的形成；沈波和吴甜（2019）研究并证实了组织学习、组织忘记这两者对组织知识创新的积极影响。在动态能力方面，Leal-Rodriguez（2015）等的研究指出，组织忘记可以从组织惯例和组织信念两个方面增强组织面对不断变化的市场和技术环境的快速反应能力。我国学者潘安成和于水（2009）在研究企业动态能力的形成机理过程中发现，组织忘记可以忘却创造规则和胜任力陷阱的信念和方法，颠覆和再造组织记忆，进而启动和培育企业的动态能力。周宪和黄晨阳（2013）指出，组织忘记能够对之前所产生的一些无用的或有害的知识进行遗忘，加快组织记忆的更新，从而促进组织动态能力的提升。在组织绩效方面，Leal-Rodriguez 等（2015）建立了一个有条件的过程模型，并通过对西班牙 145 家制造企业进行实证研究发现，组织忘记与企业整体绩效之间具有显著正相关关系，同时组织创新在其中起到了一定的中介作用；Cegarra-Navarro 等（2019）通过对 263 家西班牙金属工业公司进行实证研究后也发现，组织忘记能够促进企业绩效的提升。除此之外，组织忘记还被认为是组织变革的重要手段。所以，组织忘记是影响企业发展创新及战略变革的一大关键因素。

现有关于组织忘记前因变量的研究，主要聚焦于环境变化和企业的创业导向等相关因素，尚未有更多研究对前因变量进行进一步深入广泛的分析。在环境变化方面，Lyu 等（2020）以组织学习文献和权变理论为基础，通过对我国 238 家制造业企业进行实证研究探讨组织忘记的前因后果发现，动荡的环境可能会对企业现有的知识和能力构成重大挑战，在此情况下，企业将发现它们以前的策略、能力和知识变得不那么有效，甚至完全无效，旧的行为方式可能无法产生所需要的结果，这使得企业面临改变的必要，因此企业必须改变其现有的信念和知识结构，可见环境动荡是组织忘记的主要触发因素；Akgün 等（2007）通过对美国东北部地区的 197 家企业进行的实证研究，证实了环境动荡对组织忘记的产生具有正向影响作用，并且明确了其作用路径。

2.2 个体忘记相关研究

2.2.1 个体忘记的内涵

知识的成倍增长、行业技术的快速发展造就了对旧能力的忘却需求，然而目前有关个体忘记概念及忘记过程的研究仍相对较少，学术界尚未给出明确的定义。

已有研究中，学者们主要从心理学、认知科学以及行为方式角度对个体忘记进行界定，且以行为方式研究居多。在心理学中，研究者将忘记视为个体记忆的丢失、个体有意的忘记、个体记忆轨迹的衰退，以及能够给个体安全感带来挑战或威胁的一种变化等，这些界定主要倾向于个体心理层面的变化（韵江 等，2010）。在认知科学研究中，个体忘记被定义为价值观和信仰结构的改变，也被描述为"思维模式"（Kim，1998）、"认知地图"（Huber，1991）或"认知图式"（Barrett et al.，1995）。在行为方式研究中，有学者将忘记定义为废弃或替代一个行为、过程或信仰，以支持一个新的过程（Hedberg，1981），为了获得知识，成功的行为模式通过重复，被固化到个体的无意识行为中（Starbuck，1996）；也有研究指出，个体的忘记涉及对旧知识的完全去除，为了适应环境和组织的变化，个体必须废除旧的工作程序来完成任务和职责（Nissen et al.，2010），他们承认以前的知识和行为现在是不可靠的，并停止使用它；Cegarra-Navarro 和 Rodrigo-Moya（2005）认为，个体忘记是指个体对自己的表现进行反思的能力，从而识别和促进导致绩效改善的行为；有些研究还将个体忘记定义为一种学习形式，在这种学习过程中，个体有意地对自我、任务和环境进行评估，以确定实践的改变是必要的和可能的。

与组织忘记类似的是，个体忘记既可能发生于无意识间，也可能发生于有意识中，而无意识或意外地放弃某些知识通常被称为遗忘（forgetting）。这种遗忘过程与有意忘记形成对比，有意忘记是指有意识地选择抛弃或放弃特定知识、价值观或行为的过程，通常被称作忘记（unlearning），本研究是对这种有意识的忘记进行研究。这种有意识的忘记是指涉及个人有意识地抛弃、放弃或丢弃特定的价值观、知识或行为，有意识地选择不继续使用它们。

基于已有研究基础，本研究将个体忘记定义为个体有意识地选择放弃、终止或停止使用已有知识、价值或行为来获取新知识的过程，它有三种含义：①个体忘记是某个体有意识地放弃已有知识、价值或行为的过程；②忘记的已学到的知识不会永远消失，但也不会被个体利用；③组织在获取新知识、技能和行为的同时，往往会丢弃已有的知识、技能和行为。

2.2.2 个体忘记的维度划分

目前，对个体忘记的维度及测量的研究仍十分匮乏。

关于个体忘记的维度，现有文献中，Rushmer 和 Davies（2004）按照忘记的程度将个体忘记划分为三个维度：①常规忘记，也指消褪，即随着时间的推移，由于缺乏使用，消褪或习惯性的忘记会逐渐发生，但是由于个体忘记需要有意识的和有目的的行动，消褪是否可以被概念化为忘记是值得怀疑的，因此本研究认为，消褪实际上更像是一个无意识的个人层面的遗忘过程，而并非忘记；②擦拭式忘记，即一个从外部强加的故意的改变过程中产生的忘记过程，"擦拭"是故意的、有意识的，通常集中于一个相对狭窄的实践或活动，其中一个变化的发起需要一个人有意识地做出尝试，放弃特定的思考和行动方式；③深度忘记，指的是涉及"休克和断裂"的忘记，与"擦拭"相比，深度忘记更有可能涉及价值观和假设的忘记，它不是特定行为或实践的忘记，而是一种根本形式上的忘记。

关于个体忘记的衡量，由于学术界对其定量研究较少，目前鲜有学者开发出具体的测量量表。Makoto（2018）也是基于已有组织忘记的相关研究，借鉴了Akgün等（2007）学者提出的衡量团队忘记的量表，在此基础上将个体忘记划分为信念变化和常规变化两个结构维度。他认为：信念变化维度主要表现在个体处理与外部环境、客户需求以及技术改进相关的项目方面；而常规变化维度则主要表现在个体处理工作方法或程序、决策过程或方法，以及收集和共享信息方法等相关方面。

2.2.3　个体忘记的其他相关研究

现有文献中，关于组织忘记和个体忘记过程的研究较为有限，尤其缺乏对个体忘记的定量研究，并且目前有关个体忘记的研究在很大程度上仍然是概念性、理论性和规范性的，缺少相应的统计支持和实证检验。

关于个体忘记的过程，Cegarra-Navarro和Dewhurst（2003）通过更具体地关注个体忘记的概念，提出它由三个不同阶段组成，即认识问题、改变已建立的认知模式、发展新的评估框架以供将来使用。还有研究指出，为了了解个人的忘记过程，有必要确定影响忘记的具体因素，在此基础上，Cegarra-Navarro和Moya（2005）提出了一个理论，将个体忘记与组织绩效联系起来，并且在随后对中小企业的忘记的研究中，证实了个体忘记是显著依赖于环境因素的。Mezirow（1997）的研究表明，批判性反思可以导致变革性学习，而变革性学习是指在我们理解经验的参照系或假设结构中实现变化的过程，一个倾向于对先入为主的假设进行批判性反思的人更可能意识到某些信念和惯例是否已经过时，进而实现个体忘记。

在认知研究中，个体忘记被认为是由认知过程决定和支配的结果。Mezirow（1997）的研究将所谓的个体参照系描述为一种基本的、根深蒂固的个体心理价值和信仰体系，它引导着个体的忘记。Mezias等学者（2001）还强调了将改变认知模型作为改变基于行为的惯例的条件的必要性。Matsuo（2018）则立足于个体层面，探讨了目标导向、批判性反思和忘记的关系，其研究结果表明，学习目标导向通过反思和批判性反思相结合，以及单纯的批判性反思，对个体忘记产生间接影响作用；同时，绩效目标导向通过反思和随后的批判性反思对个体忘记也具有间接影响。由此可见，批判性反思在将目标导向和个体忘记联系起来的过程中起到关键作用。

另外，还有一些研究表明，组织忘记来自个人的忘却学习（Antonio et al.，2015），个体忘记是组织忘记的来源之一，Cegarra-Navarro（2005）也在研究组织忘记、智力资本和组织绩效之间作用关系时，把组织忘记划分为个体忘记和组织忘记两个维度，但是目前对个体忘记的深入的探讨和研究仍然不足。

2.3　企业战略转型相关研究

2.3.1　战略转型的定义和内涵

战略一词最开始是指战争谋略，来源于军事领域。由于企业的竞争环境类似于没有硝烟的战场，战略就被引入企业竞争中。企业战略范畴很广，可按组织层次分为公司级战略、职能级战略、产品及业务单元级战略。有学者根据企业的发展阶段将企业的发展过程分解为一个不断转型的阶段，如图2-5所示。

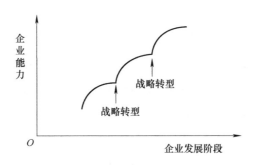

图2-5　企业的发展阶段

战略转型一般也被学者理解成战略变革的一种特殊形式，与"渐进式变革"不同，它是一种"转型式变革"（邓少军，2011）。国内外学者针对战略变革的研究较多，直接针对战略转型的研究较少。对于战略转型的具体概念和内涵，学术界还缺乏统一的认识。如：Greiner等（2003）认为，企业战略转型表现为大幅度改变企业内部组织、市场地位和财务绩效；芮明杰等（2005）认为企业战略转型主要表现为企业的战略理念、组织结构、人力资源、运行方式及企业文化等均发生根本性变化；薛有志等（2012）认为企业战略转型是指以实现那些构成企业战略的组织要素之间的匹配为目标，系统性地改变原有战略要素的特征或要素结构,从而使得企业战略定位或战略制定过程发生改变的战略行为。在驱动要素方面,学者们认为公用事业行业改革(Erakovic et al.,2005)、相关制度环境的变化(Amis et al.,2004)、技术与竞争环境的变化(苏勇 等,2014)都会驱动企业进行战略转型。而企业对于这些内外部的驱动要素进行识别整合,就会促使企业的战略转型,从而获得企业的竞争优势,如图2-6所示。

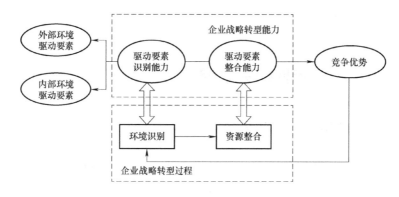

图2-6 企业驱动要素与战略转型

与战略转型不同但意义相近或者相仿的还有战略变革、战略调整。战略转型与战略变革的区别在于,战略转型是一种渐进式的战略变革。战略转型与战略调整的不同之处在于,战略转型侧重于战略体系的深层次变革,而战略调整是企业在原有战略的基础上进行适当的调整,变革的程度较浅。战略转型类似质变,战略调整类似量变。从转型程度来看,战略转型分为两种,一种是渐进式转型,另一种是革命性转型;从转型的时间节点上来看,战略转型也分为两种,一种是前瞻性战略转型,另一种是危机性战略转型。不同学者对战略转型的定义详见表2-2。

表2-2 不同学者对战略转型的定义

学 者	时间	定 义
Levy 等	1986	企业组织目标、结构、企业文化等方面发生重大变化
Ginsberg	1988	内容上的转型是针对产品和市场的竞争性决策的改变,决策程序则包括了企业文化、正式的管理体系
Tushman 等	1990	企业组织架构、管理系统以及企业文化的改变
Shaheen	1994	企业在价值、形态、态度、技巧及行为上的转变
Van de Ven	1995	内部结构调整,科学重组
Bound 和 Dobbiens	1995	企业技术流程、制度、作业方法的改变,企业组织结构及职务内容的重新设计

(续)

学　者	时间	定　义
Harrington 等	2005	产生一种新的经营模式
茵明杰	2005	构成要素及要素间关系的变动，形成了一种与环境动态适应的新结构
张国有等	2005	不仅是企业业务领域和组织结构的变革，而且是经营模式的变革
唐健雄等	2008	改变原来的资源投向，形成新的经营模式

2.3.2 战略转型的维度和测量

关于战略转型的维度，国内外学者的研究相对较少。战略转型的很多研究中，一些学者是以纯粹的理论进行定性研究，也有些学者结合某些行业或者某一个具体企业进行研究。

薛有志等（2012）在研究企业资源与战略转型的影响时，通过实证探究国内上市企业，分析企业的资产（固定资产、无形资产）和能力（组织能力、运营能力）对企业战略转型的两个维度（业务行业、业务地域）的影响。其研究结果表明，企业的固定资产和无形资产，以及企业在经营过程中积累的组织能力和运营能力对企业战略转型有负向作用，阻碍了企业的转型升级。李玉刚（2002）深入分析了企业战略转型的三个互相关联的层次：一是市场—产品层次，市场—产品层次作为企业战略转型的首要层次，表明企业首先要思考在什么市场销售什么产品，这个是战略的目标；二是价值链优化层次，在确定市场—产品层次后，企业的竞争力就表现在企业具体的经营活动的子单元中，这些子单元中凝结着企业的价值，互相连接起来就是企业的价值链，这层是价值手段；三是企业核心竞争力培养的层次，在确定市场—产品层次、价值链优化层次后，最重要的同时也是促使企业竞争优势持续的就是企业核心竞争力的培养，这是企业发展的原动力。冯海龙（2010）在明晰战略转型变革时，强调应该从两个方面来划分：其一是定位差异，就是企业的定位随着环境发生变化。这种定位差异变化包含两种，一种是程度差异，另一种是模式差异，前者表示企业定位在多大程度上的改变，后者表示企业定位差异具体表现在哪些经营模式上。其二是观念差异，它与定位差异类似，也有程度和模式的差异。冯海龙（2010）关于企业战略转型的维度划分很明确地说明了在企业战略转型中，什么是对企业影响较大的权重变量，这种权重变量分布的不同构成了维度的划分。

2.3.3 战略转型的其他相关研究

企业战略转型相关理论诞生于国外，但是近年来，伴随着我国经济的发展，我国既是全球第二大经济体,也是各大跨国公司非常重视的市场,对我国企业战略转型的研究越来越多。谭力文和丁靖坤(2014)研究了 21 世纪以来在国际顶级学术期刊 SMJ 上关于战略的相关研究,发现与中国相关的文献越来越多,基本上都是围绕中国企业或者中国市场的,并且中国是战略研究的亚洲中心。毛蕴诗等(2015)研究中国战略转型升级等相关关键词发现,从 2008 年过后,国内研究企业转型升级的论文数量大幅增加,各种以中国企业或者行业作为背景或者案例的文献大量涌现。有学者指出,各种压力和阻力在很大程度上促进了企业的战略转型,详见图 2-7。

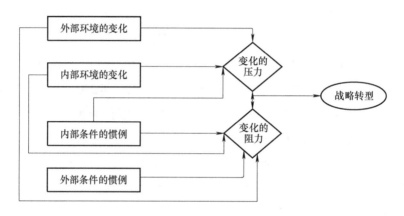

图 2-7　压力和阻力下的企业战略转型

在确定影响企业战略转型的压力和阻力时,有学者如 Boeker 等(1988)开始考虑战略转型的实施路径。关于实施路径,学术界有一种自上而下的实施流派,如 Gioia 和 Thomas(1996)认为应当首先由首席执行官来发起企业战略转型过程。而 Johnson 等(2012)则研究了企业中层管理者对于战略转型的重要影响。近年来,又有学者开始考虑动态能力与战略转型的关系。动态能力的资源整合与配置、价值链的整合与重构对企业战略转型有重要作用,详见图 2-8。

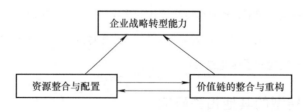

图 2-8　动态能力与战略转型的关系

2.4 本章小结

本章基于已有相关研究和理论基础，梳理了组织忘记、个体忘记和企业战略转型所涉及的相关基础文献，分别对各个构面的内涵和维度划分等进行了阐述，总结归纳了国内外学者们对于组织忘记、个体忘记和企业战略转型的相关研究。在对相关文献进行综合分析与评述之后，提出现有研究所存在的不足之处，并在此基础上形成本研究的研究思路。

第 3 章
新常态下企业战略转型的测度研究

3.1 文献综述

新常态是对我国经济发展阶段的高度概括，也是对我国经济未来发展趋势的研判，意味着我国经济结构进入了全方位优化升级阶段。我国经济的新常态，主要表现在经济增长速度由高速增长转为中高速增长，经济结构不断优化升级，发展动力从要素和投资驱动转向创新驱动三个主要方面（梁文潮 等，2016）。这是一种不可逆的、将持续相当长一段时间的经济趋势，这也表示在未来比较长的一段时间内，我国经济的增长速度、结构及增长动力都将发生改变，影响广泛而深远。在这样的新经济形势之下，实施战略转型以顺应环境变化成为众多企业所面临的重要课题，主动且深层次的转型已成为企业可持续发展的关键（唐孝文 等，2015）。而战略就是确定企业未来的发展方向和侧重点，即明晰企业的愿景、使命和目标等。在当下经济市场和经营环境变得越加动态化和复杂化的情况下，战略成为企业能否生存及可持续发展的核心因素；如何根据外部环境变化，结合自身内部能力和资源条件，适时地对企业战略进行调整和改变，已经成为企业管理者关注的焦点。战略转型则是企业战略变化的最高形式，是企业为了适应市场经济环境不断调试自身资源与行业的匹配程度的过程（Mintzberg，1979），其最终目的就是保持和寻求竞争优势，创造市场价值。

在全球经济增长放缓的局势下，企业战略转型的研究已经成为当前学术界、企业界关注的热点，已有许多学者从各自不同的视角对战略转型的概念（Romanelli et al.，1994）、动因（Van de Ven et al.，1995）、过程（V. L. Barker et al.，1997；Mckeown et al.，2003）等进行了探究，但是通过对企业战略转型已有研究的回顾，综合分析已有研究成果，可以发现企业战略转型的已有研究还存在以下不足：①有关企业战略转型的概念和内涵尚未有明确统一的界定，同时也缺乏对其构成维度的深入剖析和高度概括；②根据动态发展理论，学术研究需紧跟时代发展，我国经济已步入新常态，企业外部环境的改变必然会对企业战略转型产生深刻影响，而国内学者对于"新常态"下企业的战略转型还少有研究；③目前国内外学者在企业战略转型的相关研究中较为普遍地采用案例研究方法，而较少应用基于大规模问卷调查的实证研究方法，实证研究还是薄弱环节，尤其缺乏标准的可参考的企业战略转型量表测量工具。这些不足不仅制约了学者对于企业战略转型的认知和理解，也在很大程度上阻碍了该领域相关研究的进步和发展。任何理论或概念研究如果没有相关的观测事实和数据支持，就不能被最终确认和使用（李怀祖，2004），因此本研究从企业战略转型的概念出发，通过整合已有研究深入剖析企业战略转型的维度结构，结合新常态的经济背景，基于 Churchill（1979）提出的量表开发程序，开发出一套较为全面、有效、可靠的新常态下企业战略转型的测量工具。

3.2 新常态下企业战略转型的内涵和结构要素

3.2.1 新常态下企业战略转型的内涵

"新常态"一词由美国太平洋基金管理公司总裁埃里安首次提出（齐建国，2015），用来反映美国金融危机后世界经济缓慢而痛苦的低增长状态。新常态之"新"，意味着不同以往；新常态之"常"，意味着相对稳定，因此，新常态就是一种不同以往的、相对稳定的状态。在中国经济新常态下，国家经济增长的速度、结构和动力在未来很长一段时间都将发生和维持这样一种状态：经济增长速度由两位数变为个位数；经济结构将不断优化，产能过剩和供给不足并存，发展动力将以创新驱动为主，万众创新成为大势所趋（刘羽飞，2018）。企业作为社会经济市场竞争的主要参与者，不可避免地会受到新常态下经济市场变化的影响，以往的企业管理理念、管理模式及经营方式等都将变得过时和无效，企业必须进行战略转型以适应新常态的发展，否则将面临被市场淘汰的境遇。

战略转型在学术界是一个被高度关注的问题，但是国内外学者对其内涵尚未形成统一的认识（张晓峰 等，2018）。战略转型的概念最早由 Ansoff（1995）提出，他认为战略转型就是一个不断调整、不断更新的过程，主要是对生产的产品更新、主营业务的改变。Ginsberg（1988）在 Ansoff 的基础上对战略转型的内涵进行了进一步完善，他指出，战略转型是企业不断适应外部环境变化的过程，是企业根据外部经济和市场变化对自身的经营策略和方向进行调整的过程。Colenso（2003）则指出，企业是一个以战略为核心，以活动、结构、人员和文化为支撑而形成的动态平衡体，企业进行战略转型必然会引起企业构成要素及要素间关系的多层面变动，以顺应环境的变化，从而维持自身与环境间的动态平衡（钱平凡，1999）。我国学者也对企业战略转型的概念进行了相关阐述。朱俊和叶一军（2004）认为，企业战略转型是指企业预期其内外部环境将发生重大变化，或已经发生重大变化，为了长久生存和发展，企业必须对其业务界定和业务运作进行方向性调整和革新。薛有志等（2012）认为企业战略转型是以达成企业战略的组织要素之间的相互匹配为目标，合理改变现有的战略要素，从而使得企业战略定位或战略制定过程发生改变的战略行为。芮明杰（2005）则认为战略转型是指由于经营环境的重大变化或者经营管理的重大失败，企业为了谋求未来的生存与发展而彻底摒弃原来的战略逻辑与框架，从根本上重新制定企业战略的行为。

综合分析已有研究可以发现，学者们对企业战略转型的概念阐述具有以下共同之处：①都认为企业战略转型是企业在外部环境发生变化时采取的主动性应对行为；②都认为企业战略转型体现在对企业组织战略构成要素进行的相关调整或更新，以保证调整后战略与环境的发展相适应；③都认为企业战略转型在动荡环境下的企业生存和可持续发展中起到关键性核心作用。基于此，本研究认为：企业战略转型是指企业面对不确定的和变革中的经济市场环境所做出的主动有效反应以及组织行为的重塑，是一种在及时准确地识别外部环境变化的基础上对企业内部资源进行合理有效配置的过程；它具体反映在企业的经营理念、经营方式、组织结构、企业活动、组织人员以及企业文化等方面的改变和协调上；其目的是在快速的环境变化和激烈的市场竞争中获得持续性竞争优势，实现企业的健康可持续发展。另外，我国经济新常态的三个特点决定了我国企业的战略转型也要调整速度、优化结构和突出创新。

因此，本研究认为，新常态下企业战略转型即是指在我国当前经济形势之下，企业面对动态和不确定的市场环境变化，通过识别外部环境的变化适时调整自身的发展步伐，以企业内部资源和能力的积累进化及合理配置为支撑，通过战略创新、技术创新及经营模式创新等推动企业转型变革，进而实现企业战略（与愿景）、组织结构、企业文化、组织活动、组织人员等的相继变化，以重新构建企业的核心竞争力，与新的环境达成新的适应和平衡的过程。

3.2.2 新常态下企业战略转型的结构要素

随着我国经济步入新常态，外部环境日益复杂化和动态化，企业面临越来越多的生存挑战。为了应对环境的威胁,谋求自身的可持续发展,企业必须进行战略创新,通过制定和实施新的战略来推动企业战略转型,以适应新常态。要实现这一目标,探究和明晰新常态下企业战略转型的结构要素是关键。

在已有研究中,学者们大多认为企业战略转型是一项涉及企业系统多个构成要素转型的大型复杂工程,但是对其结构要素的具体维度和内容尚未达成统一的认识。国外学者 Romanelli 和 Tushman（1994）认为,企业战略转型是企业战略与愿景、组织结构、企业文化、业务流程及组织控制系统的综合性转型;Venkatraman（1994）也认为企业战略转型是组织的多维度转型,是涉及企业战略、组织结构、业务流程和企业文化等方面的转型;Shaheen（1994）则提出企业战略转型不仅是企业改造的重设计,同时包括企业文化的重造、企业组织架构的重组、战略与产品的新定位以及企业核心能力的新变化等;Bounds 和 Dobbin（1995）指出企业战略转型（变革）包含战略、技术、结构、人员和文化五种内容。我国学者钱平凡（1999）认为企业战略转型是企业构成要素,即企业目标、活动、制度和技术的转变;芮明杰等（2005）提出企业战略转型具体体现在企业的战略理念、组织结构、人力资源、运行方式和企业文化等方面的变化上。可以发现,以上学者均是从战略转型反映在组织内具体内容层面的相关类别的角度来对企业战略转型的维度进行划分的,但是由于文化背景、具体情况和个体理解的差异,这样的划分标准无法整体达成统一,而且其量化相对困难,对于推动企业战略转型的实证研究发展作用有限。

根据已有研究,战略转型本身是一项战略性的决策行为（Ruefli et al.,1999）,转型方向、转型时机、转型方式等的确定对于企业后续发展起到关键性指导作用。而且从本质上来说,企业转型战略的决策与制定的根本目的是获取长期竞争优势,而竞争优势的最终获得恰恰是战略转型成功实施的结果（贾晓霞 等,2012）。因此,本研究基于过程视角,认为企业战略转型包含战略转型决策和战略转型实施两个维度。另外,战略转型与新常态具有双重创新特征,但由于创新本身并不能保证企业长期成功,对创新持续性的追求才是企业长期成功的动力,这种内在动力则来源于企业的创新导向（李悦,2012）,因此本研究引入创新导向作为新常态下企业战略转型的一个维度。综上所述,本研究从战略转型过程的决策和实施两个阶段出发,结合我经济新常态的背景,基于已有相关研究成果,将新常态下企业战略转型划分为创新导向、战略转型决策和战略转型实施三个维度。

1. 创新导向

创新导向根本上是一种战略方向，描述了一个组织的创新能力，反映了企业对于创新的重视、鼓励并参与创新的意愿和程度（吴晓云 等，2014），可以体现企业是否具备创新精神，这种导向为企业实施积极主动的基于增长的战略奠定了基础（Dobni，2010），会促使企业不断追求和探索新的机会，从而持续获取新的竞争优势（Menguc et al.，2006），符合新常态下企业战略转型的使命和目标。

国内外对于创新导向的研究起步较晚，其中最先对创新导向概念进行解释的是 Manu（1992）。他认为创新导向本质上属于战略范畴，用于反映企业的整个创新体系，包括创新成果、创新力度和市场进入的综合过程。Amabile（1997）则指出，创新导向的构成要素包括：管理层对于创新的重视，企业风险承担导向，员工接受与认可创新的行为，为获取竞争优势所采取的积极行动战略。之后 Hurley 和 Hult（1998）从企业文化的视角出发，认为创新导向是一种愿意接受新鲜事物并做出相应变化的企业文化，企业的创新始于创新导向。国内学者张婧和段艳玲（2010）结合我国制造型企业的实际情况提出，创新导向是企业参与创新的意向，它决定了创新的范围和力度；李玉辉（2010）则认为创新导向是企业文化中引入创新因素的系统性概念，具体包括理念形态、制度形态和实体形态。本研究认同 Siguaw 和 Simpson（2006）对于创新导向的定义，即创新导向是一种涵盖学习哲学、战略方向和跨职能协同三个维度的多维度知识结构，其中：学习哲学是指企业提倡不断学习和使用知识，以推动持续创新；战略方向是指企业的创新理念，影响企业的创新行为；跨职能协同是指统一协调各个职能领域，促进知识在不同职能领域之间传递与共享，促进跨职能创新。一言以蔽之，创新导向反映了企业对如何管理创新的理解，引导着企业的各项创新活动。

2. 战略转型决策

企业为了在动荡的环境下保障自身的可持续发展，首先需要进行战略转型决策，决策是否科学是关系战略转型成败的大事。

虽然企业进行战略转型的初衷是为了适应环境的变化以及新的竞争需要，但是战略转型实质上是一项战略性决策行为，战略转型决策决定着企业全面、根本和长远的发展。"该不该转？""朝哪里转？""什么时候转？""怎么转？"，这些都是企业必须谨慎回答的问题（贾晓霞 等，2012）。我国学者芮明杰等（2005）指出，获取和培育"企业对外部环境的准确把握能力"是企业战略转型成功的关键，本研究认为，这一能力具体反映在企业战略转型决策过程中。正确的转型决策需要企业准确识别外部环境，在此基础上确立正确的转型方向和目标，并及时把握转型的时机，这些对企业后续的转型实施起到关键性指导作用。

3. 战略转型实施

有学者认为，企业的竞争优势是战略实施的结果（贾晓霞 等，2012），转型战略的实施则是整个战略转型过程的核心。如果企业之前制定的战略转型决策没有得到正确有效的实施，转型必将失败。

已有研究指出，企业要成功实施战略转型，无论是回答"该不该转？""朝哪里转？"的问题，还是回答"怎么转？""什么时候转？"的问题，都必须清楚地认识到，企业战略是实现企业资源价值的手段，企业战略发生变化时，为了能够在新的战略状态下重新构建竞争优势，企业对资源必然产生一定的匹配需求（贾晓霞 等，2012），企业战略转型实施的效果将通过合理有效的资源重置表现出来。Gioia 等（1994）也认为企业战略转型实施的过程伴随资源配置模式的改变。因此，根据外部环境和市场需要有效整合企业内部能力和资源，切实提高企业的执行力，能够保证战略转型的顺利实施。

3.3　量表设计和数据收集

3.3.1　量表设计

为了保证测量工具的信度和效度，本研究的量表设计综合采用文献分析、深度访谈和问卷调查的方式进行。首先，基于已有研究及相关文献，设计新常态下企业战略转型的测量量表，形成一份初始问卷；其次，与相关企业界人士就初始问卷的题项内容进行深度访谈和预调研测试；最后，根据访谈及预调研结果修改和更正初始问卷内容，确定最终量表和问卷。

本研究将从创新导向、战略转型决策和战略转型实施三个因子出发，设计新常态下企业战略转型的测量题项。其中，创新导向因子的量表设计借鉴了 Escribá-Esteve 等（2009）的研究成果，战略转型决策与战略转型实施的量表设计则参考了 Jaworski 和 Kohli（1993）、贾晓霞和张瑞（2013）的研究成果，并根据企业访谈和调研的结果，对量表中有关题项进行调整修订之后最终形成了本研究的量表。本研究的量表共包括 11 个题项，其操作性定义见表 3-1。

表 3-1　新常态下企业战略转型测量题项及其操作性定义

因　子	测量题项及其操作性定义
创新导向	（STNN-1）本企业强调创新，以预测未来市场需求
	（STNN-2）本企业不断寻求新产品和新市场
	（STNN-3）本企业通常率先在市场中引入新品牌或新产品
	（STNN-4）本企业在本行业中开发和引入全新技术
	（STNN-5）本企业创造在性能上全新的产品并在市场中销售
战略转型决策	（STNN-6）本企业能准确地识别转型环境
	（STNN-7）本企业能确立正确的转型定位
	（STNN-8）本企业能及时地把握转型时机
战略转型实施	（STNN-9）本企业对部分目标市场资源的相对投入量发生了显著变化
	（STNN-10）本企业不同产品之间的资源配置比例发生了显著变化
	（STNN-11）本企业对部分业务资源的相对投入量发生了显著变化

3.3.2　数据收集

在数据收集过程中，本研究以正在进行或已经完成战略转型的企业为对象进行问卷调查，期间为了避免出现同源误差现象，问卷同时通过以下几种不同途径发放：①通过高校教师给 MBA 和 EMBA 学员授课的机会发放问卷共 70 份，回收有效问卷 60 份，其中有效问卷填写者均为企业的中高层管理者，他们对企业相关战略内容等都有着比较清晰的认识和判断，因此可以保证问卷填写内容的可靠性；②通过发送电子邮件的形式向项目合作企业相关管理人员发放问卷共 60 份，回收有效问卷 56 份；③通过项目组成员的社会人际关系网络向有关企业发放问卷共 100 份，回收有效问卷 64 份。

经最终统计，本研究共面向西安、北京、杭州、上海、广州、深圳等地区的战略转型企业发出问卷共 230 份，回收问卷 220 份，其中有效问卷 180 份，有效问卷回收率为 78.3%，远大于 20% 的可接受回收率（Gaedeke，1976），满足数据处理的要求。具体样本特征见表 3-2。

表 3-2　样本特征（N=180）

企业特征		样本数	百分比（%）	累积百分比（%）
成立时间（年）	3~5	30	16.67	16.67
	6~10	34	18.89	35.56
	11~15	24	13.33	48.89
	16 及以上	92	51.11	100.00

（续）

企业特征		样本数	百分比（%）	累积百分比（%）
企业规模（人）	0~50	22	12.22	12.22
	51~200	32	17.78	30.00
	201~500	28	15.56	45.56
	501~1000	24	13.33	58.89
	1000以上	74	41.11	100.00
企业性质	国有及集体所有制	68	37.78	37.78
	私营/民营	52	28.89	66.67
	外资	44	24.44	91.11
	其他	16	8.89	100.00
所属行业	传统制造业	62	34.44	34.44
	高新技术企业	42	23.33	57.77
	金融业	20	11.11	68.88
	服务业	20	11.11	80.00
	其他行业	36	20.00	100.00

注：本表中的累计百分比与各项百分比之和因精度问题而略有差异。

3.4 量表分析

3.4.1 量表信度检验

根据相关量表开发程序，在数据收集完成后，首先需要通过克朗巴哈（Cronbach's α）系数对问卷量表的信度进行检验，然后利用 CITC（Corrected-Item Total Correction）方法净化和去除一些"垃圾题项"（Babbie，2000），本研究拟以 CITC 值为 0.6 作为参考点对量表题项进行筛查和过滤。

本研究使用数据分析软件 SPSS 22.0 对新常态下企业战略转型的 11 个测量题项得分进行了描述性统计和信度分析。数据分析结果（见表 3-3）表明：新常态下企业战略转型测量量表中创新导向、战略转型决策和战略转型实施三个度量因子的克朗巴哈（Cronbach's α）系数分别为 0.941、0.967 和 0.938，均大于 0.8，说明本研究的测量量表具有良好的信度。另外，量表中所有 11 个测量题项的 CITC 值均大于 0.6 的参考值，说明各测量题项之间具有良好的相关关系，所有题项均应予以保留。

表 3-3　新常态下企业战略转型的各测量题项及各项数据

因子	题项	均值	标准差	CITC	克朗巴哈系数
创新导向	STNN-1	3.63	1.194	0.884	0.941
	STNN-2	3.76	1.115	0.825	
	STNN-3	3.49	1.144	0.849	
	STNN-4	3.52	1.173	0.800	
	STNN-5	3.30	1.249	0.858	
战略转型决策	STNN-6	3.52	1.052	0.923	0.967
	STNN-7	3.49	1.041	0.936	
	STNN-8	3.44	1.040	0.930	
战略转型实施	STNN-9	3.56	0.961	0.856	0.938
	STNN-10	3.58	0.899	0.876	
	STNN-11	3.54	0.938	0.888	

为了进一步确定量表因子、精炼量表题项，需要对研究数据进行探索性因子分析。在进行因子分析之前，本研究通过 SPSS 22.0 对新常态下企业战略转型量表进行 KMO 检验和 Bartlett 球状检验。数据分析结果表明：新常态下企业战略转型的 KMO 统计量为 0.886，大于 0.8；Bartlett P 值为 0.000，小于 0.01，说明研究数据适合进行因子分析。另外，本研究通过主成分分析方法对量表数据进行探索性因子分析，经过 Varimax 斜交旋转后提取出三个主成分因子，最终得到新常态下企业战略转型模式矩阵（见表 3-4），与量表的预期设计相符。

表 3-4　新常态下企业战略转型模式矩阵

题项	主成分因子		
	因子 1	因子 2	因子 3
STNN-1	0.770	—	—
STNN-2	0.670	—	—
STNN-3	0.736	—	—
STNN-4	0.860	—	—
STNN-5	0.872	—	—
STNN-6	—	0.862	—
STNN-7	—	0.888	—
STNN-8	—	0.878	—
STNN-9	—	—	0.870

（续）

题项	主成分因子		
	因子1	因子2	因子3
STNN-10	—	—	0.776
STNN-11	—	—	0.840
方差解释率（%）	33.271	27.147	26.367
累积方差解释率（%）	33.271	60.418	86.785
P值	0.000		

3.4.2 量表效度检验

量表效度反映的是测量量表能够准确测量出所要测量变量的真实特质及含义的程度（Churchill，1979），一般情况下包括内容效度、校标效度和结构效度，但是在现实测量中校标效度因自身局限性而不予考量。因此，对于新开发的新常态下企业战略转型测量量表，本研究将通过内容效度和结构效度的检验来确保其有效性。

1．内容效度检验

内容效度反映测量量表的内容与测量目标之间的适当性及相符程度。首先，本研究基于已有相关研究和理论基础进行量表题项的初步确定，量表题项在设计初期便经过了反复的分析和调整，并且在之后的实证研究中经由国内外诸多学者进行了多次检验与引用，其良好的内容效度已得到验证。其次，本研究在初始量表确定之后随即与相关学者、专家及企业的中高层管理者进行了深入的探讨和分析，征询各方意见，对问卷结构的合理性及各测量题项的明晰性进行了相应调整和改进。最后，经由专家评判打分确定，形成了内容效度具有良好保障的新常态下企业战略转型测量量表。

2．结构效度检验

结构效度反映的是运用量表测量得到的实证数据与目标测量变量概念的理论逻辑或结构模型的一致性程度，又可分为收敛效度和区分效度。一般情况下，学者们使用相关矩阵、探索性因子分析及验证性因子分析的方法对量表的结构效度进行检验。其中，探索性因子分析可以检测出量表各个题项（可测变量）是否能够唯一地测量潜在变量，即检测该量表是否具有单建构尺度。有学者指出，对量表单建构尺度的检验一般需要满足两项条件：①每一个测量项目必须显著地与相对应的潜在变量相关联；②该测量项目只能与唯一的潜在变量相关联。验证性因子分析则用于检验探索性因子分析得到的结果的拟合能力（Diamantopoulos，1994）。因此，本研究先通过 SPSS 22.0 对量表进行探索性因子分析和相关矩阵分析以初步检验其效度，再通过 AMOS 22.0 对量表进行验证性因子分析以最终验证其拟合效果。

新常态下企业战略转型的探索性因子分析结果（见表 3-4）显示，该量表三个维度的所有测量题项的因子载荷均大于 0.5 的判断标准，并且在 $P<0.001$ 的水平下显著，这表明该量表具有良好的收敛效度。新常态下企业战略转型的相关矩阵分析结果（见表 3-5）显示，新常态下企业战略转型的三个维度中组内题项间最小相关系数分别为 0.662、0.895、0.794，均大于 0.5，进一步验证了该量表具有良好的收敛效度。

区分效度反映量表中某一个维度与其他不同维度之间不相互关联的程度。在表 3-5 中可以看出，新常态下企业战略转型的三个维度内测量题项的相关系数基本上都大于三个维度间测量题项的相关系数，这表明该量表具有良好的区分效度。

表 3-5 新常态下企业战略转型相关矩阵

题项	因子 1					因子 2			因子 3		
STNN-1	1										
STNN-2	0.818	1									
STNN-3	0.774	0.764	1								
STNN-4	0.740	0.666	0.662	1							
STNN-5	0.760	0.666	0.800	0.812	1						
STNN-6	0.601	0.618	0.635	0.560	0.529	1					
STNN-7	0.562	0.627	0.599	0.525	0.473	0.903	1				
STNN-8	0.576	0.608	0.599	0.498	0.493	0.895	0.918	1			
STNN-9	0.620	0.642	0.598	0.398	0.515	0.532	0.568	0.605	1		
STNN-10	0.660	0.692	0.684	0.563	0.604	0.628	0.643	0.624	0.794	1	
STNN-11	0.662	0.612	0.618	0.515	0.569	0.608	0.576	0.579	0.832	0.862	1

通过 AMOS 22.0 对新常态下企业战略转型测量量表进行验证性因子分析，得到拟合指数（见表 3-6），具体的测量模型如图 3-1 所示。可以看到，本研究量表各项拟合指数均达到了标准要求，证明量表测量模型的拟合程度很好，本量表设计的测量模型可以接受，其参数估计有效。

表 3-6　新常态下企业战略转型测量模型拟合指数

指标	χ^2/df	RMSEA	NFI	TLI	CFI	IFI	GFI
判定标准	1~3	<0.1	>0.9	>0.9	>0.9	>0.9	>0.9
测量模型	1.136	0.039	0.964	0.993	0.995	0.995	0.922

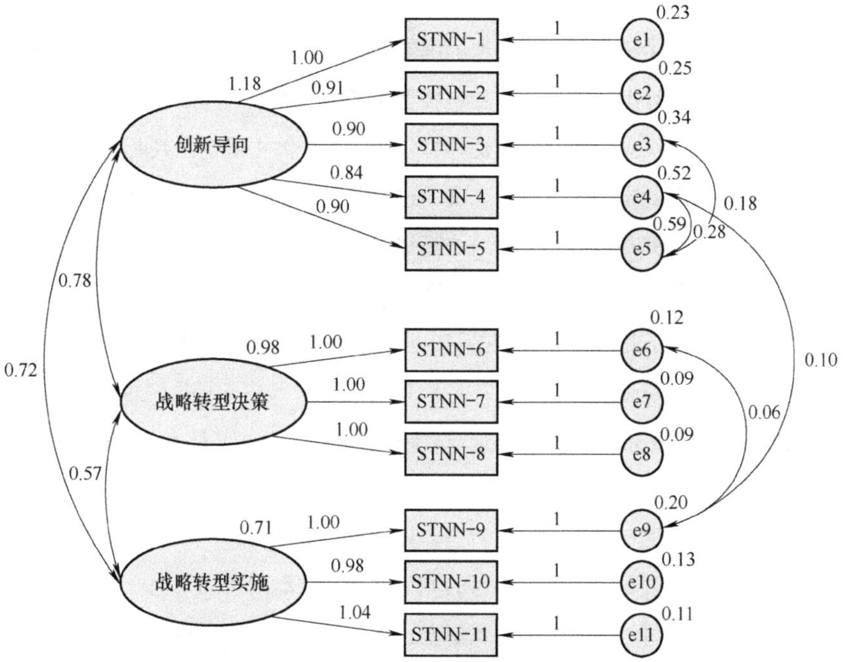

图 3-1　新常态下企业战略转型测量模型

注：e 是 AMOS 软件中的标准误。

3.5　结论与讨论

随着我国经济运行步入新常态，企业所面临的是一个不同于以往的商业世界，原有的企业管理理念、管理模式及经营方式等都将难以适应新的经济环境和新的竞争方式，及时识别外部经济市场环境，整合企业内部资源能力，构建新的核心竞争力，进行战略转型以适应新常态，成为当下我国企业生存和可持续发展的必经之路。基于此，越来越多的学者和企业家开始关注新常态下企业战略转型这一内容，而已有研究尚缺乏对该概念的明确定义及测量，这在一定程度上限制了我国企业战略转型研究的进步和发展，同时也在无形中制约了众多企业的具体转型实施。因此，本研究立足于我国经济新常态，结合国内外有关企业战略转型的研究，对新常态下企业战略转型进行了定义，在此基础上开发了相应的测量量表并对该量表进行了信度和效度检验，检验结果表明，本研究的测量量表具有良好的信度和效度，可为将来新常态下企业战略转型的相关实证研究提供参考和借鉴。

在已有研究中，关于企业战略转型的维度划分众说纷纭。其中大部分学者选择以战略转型的内容为划分标准，认为企业战略转型包括企业愿景、组织结构、组织人员、企业文化等方面的改变。本研究认为，这种划分方式受个体主观定性判断的影响过大，相对难以进行量化，因此本研究从比较客观的过程角度将企业战略转型分为决策和实施两个阶段，同时考虑到战略转型和我国经济新常态的双重创新特征，选取创新导向作为一个维度，最终确定了新常态下企业战略转型的创新导向、战略转型决策和战略转型实施三个结构维度，并基于此形成了新常态下企业战略转型的最终测量量表。

本研究最终开发的测量量表中，共包含 11 个题项，其中 5 项反映企业的创新导向，3 项反映企业战略转型决策，3 项反映企业战略转型实施。在此基础上，本研究借助 SPSS、AMOS 等数据分析软件，通过实证检验证明了该测量量表具有良好的信度和效度，能够可靠、有效地测量新常态下企业战略转型，具有重要的理论和实践意义。理论上，此项研究成果可为将来相关研究提供可参考的测量框架，推动新常态下企业战略转型的实证研究发展；实践上，可为新常态下的我国企业提供具体的转型思路和方向，帮助企业成功实施转型升级，实现健康、可持续发展。

3.6　本章小结

本研究通过文献分析和企业实地调研，深入分析了新常态下组织外部环境的变化，在此基础上，归纳总结了新常态下企业战略转型的内涵和特征，并从企业战略转型过程的决策和实施两个阶段出发，结合战略转型和我国经济新常态的双重创新特征，将新常态下企业战略转型划分为创新导向、战略转型决策和战略转型实施三个维度结构。最后结合国内外已有的研究成果，遵循演绎法的量表开发方法，设计开发了适合新常态我国本土化的包含 11 个题项的企业战略转型的测量量表，运用实证研究的方法，对量表进行了信度和效度分析，验证了量表的合理性和科学性。

第4章
组织忘记的形成机理研究

4.1 研究方法选择

根据 Edmondson 和 Mcmanus（2007）的观点，研究问题决定研究方法，也就是说，研究问题的实际特点决定了选用什么样的研究方法更合适。Tomas 等（2014）指出，定性和定量研究作为最常见的两种实证研究方法，各有所长，应针对具体研究问题选用。Kvale（1996）也认为，与研究问题相匹配的研究方法都可能是最佳选择。杨勃（2017）认为可以从研究问题的性质、对过程的考察、内部效度和外部效度四个方面对定性和定量两种研究方法进行比较。

（1）研究问题的性质　定性研究适合通过拓展性研究来构建理论，即从新的研究领域或已有研究存在不足的领域中构建新理论；从社会、文化和政治视角来考察人和组织的问题时，定性研究方法也是一个比较理想的选择。定量研究更适合对理论进行检验，即对成熟理论进行检验，或对不同变量之间的相关关系进行初步检验。

（2）对过程的考察　定性研究关注过程，尤其关注复杂机制背后的关系，以及这些机制如何随着时间的推移而展开。定量研究能够对变量之间的相关关系进行验证，但并不对组织机构从社会或文化层面进行分析，仅粗浅地处理相关层面的问题，难以对过程进行考察。

（3）内部效度　定性资料的来源包括观察、访谈、问卷调查等，因此定性研究有助于更好地理解人的动机和行为，以及他们工作或生活所处的更广泛的情境背景，因此定性研究的内部效度较高，能够解释变量之间的因果关系。定量研究的内部效度较低，难以解释变量与变量之间的关系。

（4）外部效度　定性研究的研究样本较少，通常很难推广应用于更大的群体，导致研究结论的外部效度较低。定量研究一般通过大样本进行实证检验，提高了研究结论的普适性，因此，外部效度较高。

综上所述，由于个人忘记和组织忘记的过程较为复杂，已有文献中相关研究极少，因此，本研究采用定性研究作为研究方法。

定性研究方法源自社会科学领域，包括行动研究、案例研究和扎根理论等。Barratt 等（2011）指出，在研究一个新课题的初期阶段，由于对其了解甚少，因此案例研究，特别是探索性案例研究尤为适用。扎根理论是在系统化收集和分析数据的基础上寻求理论拓展的一种定性研究方法。Martin 和 Turner（1986）认为扎根理论是一种归纳性、理论探索性的理论方法论，可以帮助研究人员建立兼顾研究对象一般特点和经验性观察数据的理论。Myers 和 Klein（2011）指出，扎根理论中数据采集和数据分析之间存在持续性的交互反复过程，为数据分析提供了比较清晰的研究流程，可以很好地适用于基于情境、面向过程的组织现象的描述和诠释。基于此，本研究选用多案例进行探索性研究，采用扎根理论作为分析工具，对所选案例企业进行逐步编码来探索组织忘记的形成机理。

4.2 样本选择

4.2.1 样本企业选择

在样本选择方面，本研究采用目的性抽样方法，在选择样本企业时遵循以下标准：①所选择样本企业要经历过组织忘记的过程，如经历过组织变革和转型，或组织内部新旧技术的更替等；②所选样本企业要能够提供丰富的数据和资料，以便得到稳健和完整的研究结论；③选择不同行业、不同性质的企业，通过比较两者的差异，提高样本研究的外部效度。

本研究最终确定了陕鼓动力、TCL、西拓电气、柳工集团和宗申集团五家企业。对样本企业的简要描述见表 4-1。

表 4-1　样本企业简要描述

样本企业	陕鼓动力	TCL	西拓电气	柳工集团	宗申集团
所处行业	装备制造	家电、信息、通信等	电气设备	机械制造	高科技
企业性质	国有	国有	民营	国有	民营

(续)

样本企业	陕鼓动力	TCL	西拓电气	柳工集团	宗申集团
样本企业简要描述	为冶金、石化、煤化工、电力、国防、环保等行业提供大型动力装备系统问题解决方案的集成商和系统服务商	从事家电、信息、通信、电工产品研发、生产及销售，集技工、贸为一体的特大型国有控股企业	基于互联网+的电气设备全寿命周期管理技术服务提供商	集建筑、工业、农业和机器人等多行业于一体的企业集团	集研制、开发、制造和销售于一体的大型民营科工贸（高科技）集团
组织忘记（组织变革和转型，或组织内部新旧技术的更替等）	全方位提供动力设备系统方案和系统服务，从产品经营向品牌经营、资本经营转变	"智能+互联网"与"产品+服务"的"双+"战略	从传统的贸易经销商转变为一家"基于互联网+的电气设备全生命周期管理技术服务提供商"	由"一体联动"向"本土行动"国际化转型	创建"忽米网"，使其成为现阶段广受瞩目的工业互联网创新服务平台

4.2.2 样本企业简要介绍

1. 陕鼓动力

陕鼓动力是设计与制造透平鼓风机、压缩机成套装备的大型骨干企业，以及提供相应的专业化系统的服务商，隶属于陕鼓集团。2001年，陕鼓动力意识到工业产品用户与普通消费者一样，其需要的不仅是一个产品，而是产品所提供的"功能"——不仅是产品的"局部功能"，而是产品所能提供的"整体功能"。因此，陕鼓动力积极推行"工程大成套"模式，即向用户提供"陕鼓产品+其他企业配套"的模式。这一模式中，陕鼓动力是总承包商，从原来产业链的低端（制造产品）转型升级为产业链的中高端，以主导产品为核心，向用户提供从项目策划、审批、工程设计、工程施工、技术培训、调试试车以及投产保运的全过程的"交钥匙"服务，从而最大限度地满足用户对产品功能的需求。很快，陕鼓动力这一模式中配套所带来的产值增加远远高于制造本身带来的产值增加。从而，陕鼓动力开始明确了从制造业逐步向制造服务业转型的战略。

陕鼓动力自2002年起实施了"两个转变"战略：从提供单一产品的供应商，向全方位提供动力设备系统方案的提供商和系统服务商转变；从产品经营向品牌经营、资本经营转变。在这一转型中，陕鼓动力做了两方面的工作：一方面，逐步放弃低附加值生产环节，力争做到制造业产业链的高端；另一方面，不断开拓新的市场和领域，相继组建了产品服务中心、工程成套部、自动化销售部、气体事业部等部门。

2008年席卷全球的金融危机，对陕鼓动力的市场也造成了巨大的影响，很多业务订单都被取消。陕鼓动力针对两个问题进行了深入思考：公司产品是否存在市场饱和的潜在威胁？如果产品市场饱和，陕鼓动力可以做什么？对这两个问题的思考，使得陕鼓动力进一步意识到，如果继续以制造为核心，相关研发与技术服务都为制造服务，那么产品市场饱和的那一天就是陕鼓动力难以持续发展的那一天；而产品的服务需求却是持续的，只有立足于"产品全生命周期"的服务，以服务为主导、制造为辅助，陕鼓动力才能够有更广阔的市场和持续的发展。据此，陕鼓动力明确提出了"源于制造、超越制造"战略。2009年，陕鼓动力明确在目标领域内，进一步弱化制造环节，进行核心动力设备研发、设计，提供工程承包、全生命周期维护保养、融资、物流等服务，从真正意义上开始了实现由制造业向制造服务业的转变。

陕鼓动力为了配合执行转型战略，首先进行了组织结构的调整，对原有部门，尤其是生产制造部门，进行了一次次不断深入的流程再造。原来的制造部门是陕鼓动力的核心，由八大车间、三大辅助车间构成。随着制造环节的淡化，陕鼓动力开始将制造中附加值低、高耗能、高污染的生产环节外包、合并或者转型。如：机加一和机加二车间将小车床换成数控车床，合并成一个生产车间；铸造和锻压的业务被外包出去；工具车间放弃小工具业务转为叶片中心和总装车间；铆焊和下料车间合并为结构车间，并按公司规划进行更大力度的转型；设备车间也通过业务精简转为服务专业部，负责国内外其他工厂设备的安装和检修；煤气站、电工班和变电所等低端的动力车间合并为动能厂。

陕鼓动力在弱化制造主体地位、实施制造流程再造的同时，还组建了气体事业部、水处理事业部、煤气化项目部、自动化技术部等部门以推行新业务。随着公司业务重心和组织机构的变化，原有部门的岗位出现大量冗员，而新增部门的岗位却缺少大量合格的员工，因此陕鼓动力对原有部门的很多员工进行了转岗。

随着转型的深化，制造业使用的传统科层式组织结构与以客户为导向提供项目系统服务的模式发生了冲突。在现有组织架构模式下，很难实现以客户为导向的目标，因而很难实现向制造服务业的转型。以客户购买陕鼓动力的产品为例，若客户想要购买陕鼓动力的产品，不同型号、不同产品往往由不同的部门负责，客户确定要购买的产品型号之后，在生产、安装服务、产品维修各环节，都必须面对不同部门的不同工作人员。陕鼓动力内部复杂的组织结构,部门之间严格的职责界限,反映到客户那里就是"多个面孔""多个团队",这使客户无所适从。因此,陕鼓动力按照"一个面孔、一个团队、一个目标"的要求来建立以客户需求为导向的新型组织架构模式。在现有组织架构基础上,重新组合,搭建三个不同的功能平台:一是产品与方案的设计、研发平台,提供后台支持和系统整合;二是方案平台,即由制造、工程、服务、投资、物流等各个环节相互耦合,由陕鼓动力所能提供的产品或服务构成;三是市场平台,由统一面对客户、向客户营销陕鼓动力方案的销售前台主导,由懂市场、懂商务、懂技术、懂工程的项目经理式销售团队执行其功能。陕鼓动力计划用"加减法"搭建三个功能平台。对战略转型具有重要作用的部门,例如营销部门、融资服务和技术研发部门,从组织结构到人员配备都要继续加强;对部分传统的业务环节,例如运输业务部门和铸造业务部门等则逐步放弃或者淡化。任何产业要推进产业的高端化都要直奔"微笑曲线"两端,支持性的产品与方案设计、研发后台的建设非常关键,因此,陕鼓动力努力促成设计院和商务部的建立。设计院的建立是陕鼓动力迈向产业链"链主"地位的重要一步。商务部的成立,是按照"一个面孔、一个团队、一个目标"的要求为客户提供高标准、定制化的服务。如果没有商务部,那么客户要在产品交付前了解产品的生产进度与状态,就必须在不同的阶段和不同的部门打交道,从而感到十分困扰。而商务部的成立就是要将多个环节用一条线牵起来,让客户清楚了解自己的产品处于什么状态,让客户感受到"一个面孔"在为自己服务。

组织结构健康化之后,公司进一步挖掘内部潜力,优化各项工作流程。通过技术改造、优化设计、优化流程、优化操作规程、推行系统化操作等措施,优化生产操作人员配置。通过整合制造、工程、服务、投资、物流等领域全方位的服务满足客户的各类需求,从产品定制化设计到生产制造,从产品提供到备件提供,从工程的设计、施工到后期的调试、维修,从厂房建设到园区绿化,从保姆式的日常维护到通过互联网实时监测机组在用户中的运行……所有这些工作由陕鼓动力的同一个团队组织完成,而在这过程中客户只需要与销售员和项目经理沟通即可掌握一切信息。通过这一系列的举措,陕鼓动力的组织结构逐步呈现"健康体形",有效地促进了新战略的推行和新业务的开展。

2. TCL

TCL 集团(简称 TCL)的国际化发展历程大体可分为三个阶段:从简单的加工贸易

开始,到走出国门;在新兴国家自建工厂,推广自有品牌;利用资本手段,借助国际品牌进入发达国家市场,构建全球业务架构。1997年以前,TCL主要以OEM、ODM形式为国外品牌代工,这一阶段以简单的加工出口为主,建立了企业的商业信誉,初步探索了国际市场的运作模式。1998年—2001年,TCL的国际化进入第二阶段,即在海外新兴市场推广自有品牌,自建营销网络和生产基地。1997年东南亚爆发金融风暴,对依赖加工出口的TCL等国内企业造成很大的影响,依靠简单的出口加工方式已难以支持企业的发展。为此,1998年TCL明确提出了"走出去"的国际化策略。2004年1月TCL收购法国汤姆逊公司彩电业务,组建TCL-汤姆逊电子有限公司(TTE)。3个月后,TCL与阿尔卡特公司在巴黎签订了合作协议,合资成立TCL-阿尔卡特移动电话有限公司(T&A)。一系列大手笔跨国收购,使TCL形成了全球化的产业布局,但2004年之后,彩电和手机市场形势已经急转直下。韩国企业大规模投入LCD领域。大量的资本投入,加快了LCD的技术进步和成本下降,使其迅速主导了市场的消费潮流,LCD占据了整个平板电视市场90%以上的份额。在这样的产业转折点上,TCL以CRT电视称霸全球的TTE失去优势,原来被视为国际业务支撑点的中国市场也变得不再稳固,TCL的合资对象法国汤姆逊公司在液晶领域的技术积累相对薄弱。在手机通信业务方面,从2004年开始,诺基亚、摩托罗拉、三星、索爱等跨国公司重新掌握了主导权,拍照手机、智能手机等成为市场新主流,缺乏技术储备的国产手机刚出厂就成为滞销货;一些"山寨"手机也严重冲击品牌手机,TCL手机通信业务面临内外夹击。

严峻的形势迫使TCL迅速采取措施。从2006年6月开始,TCL成立变革领导小组,正式开启长达18个月的变革计划。重建组织结构、削减人力成本、优化考核方式、提振全员士气等一系列措施纷纷开始实行。

为了更好地聚焦核心产业,TCL对旗下的几十家公司进行大规模的架构重组,集团治理向投资控股型管理模式转变,以提升集团的整体管理能力和运营效率。TCL组建多媒体、通信、家电、部品四大产业集团,以及房地产与金融投资业务群、物流与服务业务群为主的"4+2"业务架构。在新的产业架构下,以四大产业集团和两个业务群为主体担当经营绩效责任,TCL作为投资控股型公司,决定各产业战略发展方向,进行资源配置,追求投资回报最大化。与此同时,TCL还通过出售部分非核心业务获得资金来源。

为了减少人力成本,TCL总部首先开始大规模裁员,幅度高达30%。TTE也随之开始大裁员，总部裁员幅度高达 58%。同时，TCL 逐渐改善企业经营业绩考核方式。开始采用 KPI 指标，经营团队的绩效将和 KPI 挂钩。在 KPI 的有效引领下，TCL 的经营效率得以提高，现金流得以增加。TCL 还组织启动了品牌重塑项目来统一思想、凝聚力量、指导行动，重振员工对 TCL 的信心。这些行动帮助 TCL 渡过了危机。

突破困境后的 TCL 从 2009 年开始进行了第二阶段的转型，通过发展核心部件、布局"双+"战略构建企业持久竞争力，并为推动战略转型的实施而进行了文化变革及能力提升。TCL 建立了新的子公司，自主启动"8.5 代线"液晶面板项目来提升核心技术能力，同时实行"智能+互联网"与"产品+服务"的"双+"战略。"智能+互联网"是以互联网思维开发极致体验的智能产品和服务，在集团技术和经营方面进行重大转型；"产品+服务"是实现互联网时代企业商业模式的全面创新。TCL 进行组织架构调整，重组为"7+3+1"结构，即 7 个业务板块、3 个服务业板块及 1 个创投及投资业务群，将互联网服务业务分离出来。深圳 TCL 工业园里有新大楼和旧大楼之分，旧大楼里的多媒体、通信和其他职能部门是按部就班经营的，新大楼里则放着与互联网相关的业务。与互联网相关的业务虽然没有完全独立，但是在运营机制、人员调配、奖惩机制、激励机制等方面都和过去不同。为了促进"双+"战略转型升级，2015 年 TCL 又举办了"鹰旅戈行"活动促进企业文化变革。TCL 的愿景是：定位于全球化智能产品制造及互联网应用服务企业集团，将在互联网思维的带动下，配合多年积累的产品与服务群，为用户提供个性化极致体验，实现互联网转型，力争五年内再造一个全新的 TCL。

3. 西安西拓电气股份有限公司

西安西拓电气股份有限公司（简称西拓电气）是一家在线监测系统设备及电力运维检测服务提供商，致力于为电力系统用户提供全套在线监测解决方案以及运维检修技术服务，旗下产品包括变压器在线监测系统、电缆在线监测系统等，可应用于发电、输电、变电等领域。

西拓电气成立于 2006 年，成立之初为业务销售型公司，由于有早年的工作积累和团队合作，公司很快在海外总包业务上取得了成绩，销售业绩不断突破。但创始人根据多年来从事进出口行业所积累的经验，看到了电气设备智能在线监测的贸易机会，决定要将传统业务与互联网业务结合起来，进行大范围转型。西拓电气四处寻找团队研发带电监测平台，从零经验开始摸索和尝试。2010 年，国家电网的智能电网战略带来了新的机会，由于西拓电气之前的业务和智能电网契合，因此西拓电气得以迅速介入，快速发展，

组织忘记对企业战略转型的影响研究

成功研发了 STM-2000 在线监测综合诊断系统,该系统被广泛应用在发电、变电、工业、终端等领域,并通过国内主要 EPC 总包公司和设备厂家出口至 30 多个国家,成为特高压和海外 EPC 项目在线监测市场的知名品牌。西拓电气还参与了多项智能电网监测设备标准的起草工作,并自主研发了在线监测集成系统。

2014 年,西拓电气居安思危,谋求创新,敏锐捕捉到行业发展趋势,极具前瞻性地看到了电力设备技术服务市场的巨大发展潜力和广阔市场前景。在进行了全面深入调研后,西拓电气确定了电力设备智能运维服务作为公司未来战略发展方向,带领团队开始二次创业。2015 年,西拓电气开始研发 SITO 电力设备状态检修服务云平台(简称云平台),为带电检测细分领域的参与者提供免费云服务。云平台利用物联网技术,能够快速查找、定位一次设备;结合平台标准化流程,规范化现场和内部的作业流转;利用无线通信技术,实现现场检测数据实时远传到云平台,并经过数据分类进行统一结构化存储。数据经过现场阈值初判、云平台诊断算法,可用于综合分析一次设备故障。电力公司及检测的团队可以通过任务进度、现场检测数据、现场检测照片等功能模块能实时了解现场检测过程,实现检测过程可视化。云平台同时提供技术咨询、仪器租赁、培训讲座、需求对接等功能模块;实现检测仪器的互通有无、分时共享;带电检测业务的需求发布、业务承包;通过数据的积累实现故障案例库、图谱诊断库等大数据平台。

2016 年年底,西拓电气又研制出了服务于海量用户侧配电室智能化管理的智能运维管控平台。"智能运维"是指通过在电力用户配电室安装自动化采集设备,利用"物联网"建立远程监控平台,结合线上+线下服务,实现配电系统"无人值班,有人值守"的电力运维新模式,达到"集中监控、事故预防、应急保电、快速抢修、经济运行"的配电系统深度管理要求。

2017 年 9 月,西拓电气服务于大工业企业电气设备智能管理的电气 SaaS 管理服务平台(简称 SaaS 平台)投入市场。SaaS 平台是基于 SaaS 模式,借助网络及大数据技术,针对大中型生产制造企业能源电气设备及生产设备管理部门的多维度实时管理服务云平台。SaaS 平台主要由手持前端、大数据管理及分析云端、多平台本地管理端三大部分组成。手持前端采用专用设备或手机 APP,可利用新型识别技术采集相关数据;云端采用大数据分析算法;后端支持计算机、手机、电视多平台控制与呈现。SaaS 平台能够实现高效准确的数据采集、灵活易用的任务管理、实用的数据管理分析、多平台实时数据观测,帮助企业电气管理部门提升设备运行状态管理及组织管理效率。

此外，西拓电气还研发了智能监控系统和智能监控辅助系统。智能监控系统是以"智能化采集和智能化控制"为核心，运用多功能采集控制技术、视频技术、智能传感技术、物联网传输技术、嵌入式软件技术、数据库技术等多种技术的综合系统。它专门用于对变电站、配电室、开关站等无人值守的紧凑型场所内部设备用电参数（电流、电压、有功功率、设备开关状态及运行状态）的监控，并可以和辅助系统进行整合、集中、优化及控制。智能监控辅助系统是对配电室的环境温度、烟感报警、有毒气体、门禁、水浸等配电房状态实施远程监控和智能控制，实现集中管理和一体化集成联动，为配电室的安全生产提供保障，助力打造稳定可靠、投资合理、高效安全的智能型配电房。

西拓电气在商业模式创新上不断探索更加环保、便捷、高效的创新服务，在技术方面不断提升，与多家科研机构保持着密切的技术交流及合作，并于2017年3月挂牌"国网电力科学研究院武汉南瑞运检西北分中心"。西拓电气状态监测技术部汇集了一大批业内专家及技术人员，涉及设备电气绝缘设计、现场设备运维、生产制造、学术理论研究等诸多领域。西拓电气的技术团队拥有近50位现场经验丰富的检测工程师，拥有超过50余台高端先进的状态监测仪器，能监测涵盖几乎所有状态的监测项目。截至目前，累计完成2000余座不同电压等级的变电站带电监测工作，包括换流站、特高压站等，通过带电监测发现缺陷共计1580例。西拓电气服务于全国各地的企业，还服务于多个国外项目。西拓电气多年以来形成了较为完备的海外业务发展体系，其主营业务领域、海外市场布局，相继获得政府和行业的认可。

2016年2月，西拓电气挂牌"新三板"，成为"新三板"首家定位于企业用电管理技术服务的企业。随着技术实力和创新能力的不断提升，西拓电气相继与多家国内行业龙头企业达成战略合作伙伴关系。西拓电气着力打造成为服务商的服务商模式，建立智能运维技术研发中心，通过互联网平台的发展，整合各类资源。今天的西拓电气已成功转变成一家基于"互联网+"的电气设备全生命周期管理技术服务提供商，所提供的产品和服务已经覆盖发电、输电、变电、配电等领域。

4. 柳工集团

我国加入世界贸易组织后，国际巨头纷纷涌入我国市场，本土企业的生存空间受到明显挤压。在这种形势下，柳工集团（简称柳工）第一次明确提出了打造开放的、国际化的柳工的战略目标，并将企业愿景设定为"致力成为国内领先、国际一流的工程机械行业世界级企业"。

和许多国际化企业一样，柳工将在海外发展经销商作为"走出去"的第一步。每个国家的市场情况不尽相同，利用经销商的区域市场资源和分销能力，柳工可以快速在当地打开局面。同时，将经销商作为产品出口的中介，使得柳工与国外市场没有直接联系，不必在当地专设机构和雇佣专职人员，既节省了成本，又不承担出口风险。得益于柳工产品的高性价比，柳工的海外经销商逐渐多了起来。随着产品出口量的增加，柳工发现完全依赖海外代理商的模式并不完全行得通。不同于一般的轻工业产品出口，工程机械产品的出口非常考验产品的售后服务。在复杂的户外使用环境下，工程机械的坏损与维修非常普遍。当产品在海外出现质量问题时，既需要从国内调配零部件，又需要派遣专业维修人员，成本非常高。工程机械设备能否使用直接影响着客户施工的工期，耽误一天都可能造成重大损失，因此售后响应速度是工程机械行业竞争的重中之重。此外，售后服务是工程机械行业价值链上的重要一环，尤其近年来售后服务业务需求愈发旺盛，售后服务成为行业的新兴利润增长点。不做售后便等同于主动放弃了这部分利润来源，也不利于国际化企业在当地的可持续发展。经过对海外代理模式的反思，柳工迈出了国际化探索道路上的重要一步：在海外开设分公司，发展全球性营销和售后网络。2004年，柳工在澳大利亚成立了第一家海外分公司——柳工机械澳大利亚公司，随后又在越南、印度、伊朗等地设立办事处。这标志着柳工国际营销体系建设的开端，柳工海外事业拓展的速度明显加快。

为实现总公司和海外子公司步伐协调，2004年柳工把各个海外子公司整合为国际事业部，制定并实施了"集团—子公司一体联动"的一体化战略。集团总部对海外分公司实施全面、集中的管控模式，集团拥有海外分公司的经营决策权，并对资源进行统一管理，根据各海外子公司实际情况进行跨国配置。为了驱动海外业务和国内业务同步发展，柳工在人员管理、权责控制、资源支持、信息联系四个方面，贯彻落实一体化战略。

海外子公司数量的增多使柳工的内部管理问题逐渐凸显。作为与母公司互相联系又相对独立的个体，子公司与母公司的地理位置和认知途径不同，面对一些具体问题时经常会有不同的看法。然而子公司必须不打折扣地执行母公司的指示，这引起许多海外子公司管理人员的不满。同样令柳工感到棘手的是，柳工在海外不能得到真正的认同。虽然子公司在海外已成立多年，但其推行的仍是柳工传统的企业文化、管理制度、经营方法具有浓厚中国企业风格。因此，柳工在海外始终被认为是一家"中国人的公司"，没有真正融入当地的商业系统，而不时遭遇到的出口限制则令柳工切身体会到了危机。柳工在应对过程中发现，当危机来临时，自己在当地极度缺乏话语权和发声的渠道，其在海外所处的尴尬地位凸显了出来。外患与内忧之下，柳工海外业务发展开始感到后劲乏力。2008年全球金融危机开始蔓延，国际工程机械市场急转直下，许多原本隐藏的问题同时爆发出来，直接影响了柳工的海外销售业绩。2008年到2010年间，柳工海外销售额不增反降，海外销售占总收入比更是大幅下降。尤其在一些贸易和劳工政策较为严格的发达国家，柳工迟迟无法打开局面。在经历了国际化初期的快速增长后，柳工的海外发展进入了一个瓶颈期。

经过多次实地调研和讨论，柳工决策层达成了共识：取得更大国际化成功的关键是"本土化"。要成为真正的世界级企业，柳工必须融入全球产业生态，在全球范围内进行资源配置，在"走出去"之后能够"走进去"并"长起来"。针对千差万别的各国市场，柳工必须深刻把握每个地区的文化与市场环境，有针对性地实施行之有效的策略。同时，柳工要发挥子公司在当地的地理优势，给予其更多的自主权和灵活性，依托当地的原料、人才、技术和分销网络资源，以完善自身建设，并真正地融入当地的商业系统。这样，在面对海外市场的风云变幻时，柳工才能有更多的底气。由于初期主要关注全集团的一体化，柳工"本土行动"的转型过程十分艰难。从管理硬件到思想理念，子公司各方面的改造都需要较长的过程。公司信息系统的改造就需要经过六个月，其他配套设施的改造、人员的调配、新管理制度的培训同样是漫长的过程。在各项本土化措施的实施过程中，"文化本土化"的落地最为困难。文化对企业产生的影响是深远的，它会在长期经营中逐渐积累，进而渗透到企业海外经营的每一个环节。文化使企业产生了行为上的惯性，因此对其进行改造的难度也最大。柳工在战略转型之初较为重视组织架构、供应链、资金等"硬因素"的整合，而对思想、文化等"软因素"整合的难度和重要性估计不足，造成了员工价值观、行为方式上的不适应，一定程度上给自己的经营活动带来了混乱。经验与教训是宝贵的财富，柳工在后续收购的过程中，从历史经验中汲取养分，提出了"文化先行"的原则，对被收购企业和柳工企业文化的兼容度给予了充分重视，大大减少了重组过程中的冲突与纠纷，取得了良好的效果。

国际化的战略转型给柳工带来了长远发展的潜力。金融危机以后，国际国内工程机械行业持续低迷，各大厂商业务均遭受不同程度的下滑。柳工通过一系列战略调整，实现了海外销售额的正增长，并且在一些新兴市场区域表现出了强劲的增长势头。

5. 宗申集团

宗申集团是现阶段国内规模最大的专业化摩托车发动机和通用动力生产企业之一，旗下拥有两家上市公司。

从 2014 年年末开始，一些制造工厂陆续倒闭，跨入 2015 年，制造工厂倒闭的趋势越演越烈，究其原因：一是人口红利消失导致人工成本上升；二是资本外流，高端制造业回流发达国家，低端制造业搬迁至东南亚；三是市场环境恶化，汇率波动加大进出口风险，投机导致行业空心化……总之，整个制造行业受到内外冲击。与制造业"寒冬将至"的情形不同，2014 年，我国互联网进入高速发展的状态，"共享经济""平台经济""工业互联网"等新概念层出不穷。

宗申集团拥有上万条产品线以及国家级的技术中心，但其使用率却非常低下，在得知宗申集团拥有价格高昂的进口 3D 打印机后，一些无法承担购买打印机的费用的中小企业，主动联系宗申集团租借 3D 打印机。这种方式在解决中小企业困境的同时，也盘活了宗申集团的闲置资源。宗申集团受此启发，慢慢开始了"忽米网"的创建之路。

在对自身设备、资源等情况进行清查，对市场整体需求进行调查之后，宗申集团决定大胆尝试转型，将"忽米网"打造成全国首屈一指的线上线下融合的工业 B2B 创新平台。依托宗申集团的工业和产业链资源，"忽米网"能够为全国工业企业提供从前期产品制造到后期市场投放的全产业链解决方案。宗申集团从工业全产业链的角度出发，设计出了"忽米网"的三大业务板块：工业互联网应用服务平台、工业互联网技术云平台和工业互联网生态产业园。

为了对这次战略转型进行评价和分析，判断整体战略是否需要改良，宗申集团选择拿自己"开刀"，让"忽米网"承担了宗申集团生产线的智能改造。经过 1 年的实践运用，"忽米网"完成了对摩发 1011 线的智能改造工作。改造后的智能制造总装生产线由 12 个自动化单元组成，通过 6 台机器人实现各单元间的装配工件的转运，使其能够按照工艺流程完成发动机的总装及下线。"忽米网"利用如射频识别、岗位互锁、自动导引车、图像识别等技术，提高制造执行管控效率、提升过程质量管控手段，并为管理提升和决策提供大数据支撑，基本做到了端到端的信息集成。

摩发 1011 线改造成功，不仅使"忽米网"小有名气，也增强了宗申集团对"忽米网"成功的信心。之后，"忽米网"向大众展示了自己整合行业资源以满足个性化、碎片化订单需求的能力。但随着客户数量的增加，"忽米网"在运营的过程中发现平台客户的需求越来越高，有些时候平台客户的技术需求都超过了自己能提供的范围。另外，"忽米网"能够提供的资源也仅在制造业方面，要想吸引更多的客户，就必须接入更多优秀的服务商。因此 2018 年"忽米网"以华为云服务资源为基础，整合物联网、边缘计算、大数据、人工智能等先进技术打造"忽米云"，为"忽米网"用户提供各种云计算产品及服务，范围覆盖计算、储存、网络、数据库、安全等领域，具体包含计算云、云存储、数据库、应用安全、企业智能、物联网等 80 余项云计算产品，满足用户对数字化、网络化、智能化发展所需要的基础服务设施平台，助力工业企业数字化发展。

目前，"忽米网"已经成为广受瞩目的工业互联网创新服务平台。

4.3 数据收集

根据 Yin（2009）的研究，对案例研究来说，为了保障研究结论的有效性和可靠性，研究者应该从多种渠道广泛收集数据。研究中常用的数据收集方式有访谈和利用档案数据等。访谈可以通过有针对性的提问获取针对性很强的数据，但不可避免地会受到受访者回忆偏差的影响；而档案数据具有易获取性，覆盖范围广，一般包含确切的事件，细节清楚，能够避免受访者对真实事件的事后合理化和回忆偏差等影响。本研究主要的资料来源如下：

1）企业的内部档案，包括企业官网、会议记录、新闻稿、内部文件和高管访谈视频等。

2）企业的外部档案，包括相关学术文献、报纸杂志、媒体新闻报道和网络上的相关评论等。

3）对案例企业进行深度访谈获取的音频文件等。

本研究最终选择 5 家企业的 63 名高管和员工进行了访谈，受访者符合以下条件：年龄在 30～50 岁；工作年限为 5 年以上；职务类型有中、高层管理者，研发部门管理者，普通员工；学历程度较高；工作经验较为丰富；理解能力较强；所提供的信息能保证真实有效；拥有一定的组织忘记和个人忘记的经历。

从 2017 年 3 月到 2017 年 8 月，本研究共进行了 28 次深度访谈和 5 组焦点团体访谈（每组 7 人），由 2 位研究团队的主要成员分别依据访谈笔录和录音整理出文本资料，并经过团队讨论，整合为最终的访谈笔录。

首先进行开放式访谈，在 63 名通过筛选的员工中随机抽取 28 名员工，分别进行访谈。访谈者是本研究团队的 2 名主要成员和 1 名记录员，每次访谈时间大概为 1.5h。开放式访谈主要聚焦于 5 个问题：

1) 组织转型过程中涉及的组织忘记（组织思维模式、惯例等的改变）过程是怎样的？

2) 组织转型过程中涉及的个人忘记（个人思维模式、惯例等的改变）的过程是怎样的？

3) 组织忘记的影响因素有哪些？

4) 个人忘记的影响因素有哪些？

5) 个人忘记过程和组织忘记过程有哪些联系？

以上问题是访谈时的主线问题，只是为访谈提供了一个大概的框架。在实际访谈过程中，还会有一些追踪式问题，所以具体问题并不局限于以上 5 个。访谈过程中访谈者遵循 Babbie（2012）的建议，引导受访者对问题提出自己的观点和意见，而不对其进行评述。访谈者还注意避免将概念强加给受访者，引导和鼓励受访者对术语和情境等进行定义和描述，对现象进行反思，并设法保持受访者在访谈过程中思维活跃、乐于分享（孙永磊，2014）。此外，为了保证研究效度，其余 35 名受访者被随机分为 7 组，每组 5 人，由研究团队成员作为主持，以集体讨论的方式对每组进行了约 2h 的焦点团体访谈。

综上所述，本研究的案例资料及主要来源见表 4-2。

表 4-2　案例资料及主要来源

编号	类型	来源	数量
A	一手资料	深度访谈资料	音频 15h，文本 12 余万字
B	二手资料	企业内部资料（工作总结、市场分析报告、企业年报和技术培训手册等）	47 份
B	二手资料	公开资料（学术文献、书籍、企业招股说明书、年报、新闻报道等）	68 份

4.4　数据分析

本研究采用扎根理论处理案例资料。扎根理论拥有一套完整而规范的数据处理流程，通过逐层归纳和概括资料内容，提炼出相关概念并修正以形成范畴，进而厘清范畴间的关系，升华为理论（丁鹏飞 等，2012）。其中程序化扎根方法中将案例原始资料抽象成理论概念的过程被称为编码，具体包括三个步骤：开放性编码、主轴编码和选择性编码。开放性编码是最基础的概念化操作，直接从上到下对分散的原始资料进行解构，结合文献和经验对案例原始资料中的事件进行理论概括，通过进一步的逐级检验，产生初始的理论范畴；主轴编码是指联系拟研究的理论问题和企业实际，将各原始范畴按一定的脉络进行类属划分，完成初步理论框架雏形；选择性编码是最终构建完整理论框架的过程，基于主轴编码的编码结果梳理出企业发展的"故事线"，通过强化范畴之间的逻辑关系，确定核心范畴，使得理论更加饱和（贾旭东，等，2016）。

4.4.1 开放性编码

开放性编码的主要目的是将案例原始资料中的企业里程碑事件进行概念化。在具体编码时：首先，要保证选取资料的完整性和丰富程度；其次，要结合已有理论资料中的相关关键词对现象进行概括，得出初步的理论标签，在此过程中，需不断对比和反复修正，以对反映资料本质的概念进行补充；最后，根据内容相似性对部分概念进行统一命名，最终形成初始的理论范畴。为保证所提取的概念和范畴的准确性，本研究在概念化过程中，严格遵循"忠实于资料"的原则，并且不断提出问题和补充资料加以验证。

开放性编码过程主要包含三个步骤：①通过梳理所获取资料，把握整体情况，对不同渠道获得的数据进行对比验证，剔除不实的数据；②将原始资料进行分类整理，在对企业发展阶段和关键节点事件进行纵向分析的基础上，对企业现象做概念化处理；③结合已有相关文献进行理论化表述，对已得出的概念进行对比和完善，通过不断循环往复，直至达到理论的饱和点。

为了确保规范性，本研究严格遵循程序化扎根分析的操作流程进行数据整理（田庆锋等），借助 NVivo 11 软件对样本资料进行系统的标签化处理，首先对所选案例逐一贴标签：以第一个案例企业形成的标签为初始标签，在此基础上进行后续案例标签的增添与修正，直到没有新的标签产生为止。按照这种方法，初步从所选的 4 个案例中提炼出 220 个原始标签、132 个概念。根据表达内容的差异对上述初始概念进行对比分析和归类后，整理出 94 个初始范畴，具体的开放性编码过程和结果见表 4-3。

组织忘记对企业战略转型的影响研究

表 4-3 开放性编码过程和结果

原始访谈资料示例	贴标签	概念化	范畴化
2008 年，金融危机席卷全球，公司很多业务订单被取消，造成了巨大的影响。公司高层反复开会研讨，最终达成了共识：如果继续以制造为核心，相关研发与技术服务都为制造服务，那么产品市场饱和时公司将难以持续发展；而且产品的服务需求却是最终是生持续的，因此公司应该改变思维模式，立足"产品全生命周期"的服务，以服务为主导、制造为辅助，这样才能有更广阔的市场和持续的发展	a1. 金融危机席卷全球 a2. 业务订单被取消 a3. 造成巨大影响 a4. 难以继续发展 a5. 公司高层反复开会研讨 a6. 达成共识 a7. 改变思维模式	A1. 外部环境变化（a1, a149, a150, a151） A2. 公司经营受影响（a2, a3, a65, a66, a67, a68） A3. 难以继续发展（a4） A4. 应对危机（a5, a72, a73） A5. 达成共识（a6） A6. 改变思维模式（a7）	AA1. 外部环境变化（A1） AA2. 公司经营受影响（A2） AA3. 重大危机（A3, A35） AA4. 应对危机（A4） AA5. 达成共识（A5） AA6. 改变思维模式（A6）
……	……	……	……
为提高员工的各项素质，人力资源部组织了拓展训练以及装配钳工岗位的应知应会知识学习，开设了各种岗位技能训练的课程。学习过程中，培训老师随时了解学员要求，随时调整课程设置，尽量满足学员需求	a13. 提高员工素质 a14. 拓展训练 a15. 岗位技能培训 a16. 调整课程设置 a17. 满足学员需求	A7. 提高员工素质（a13） A8. 拓展训练（a14） A9. 岗位技能培训（a15, a16, a17）	AA7. 提高员工素质（A8） AA8. 拓展训练（A8） AA9. 岗位技能培训（A9）
公司进行业务转型，铸造业务被外包，我面临分流转岗，觉得前途渺茫，非常悲观，还好我们部门领导多次找我谈心，明白利害关系，使我明白了公司转型之后我也改变了想法，理解公司的政策，努力配合公司的培训	a18. 业务转型 a19. 非常悲观 a20. 领导谈心 a21. 明白利害关系 a22. 理解公司政策 a23. 改变想法 a24. 努力配合	A10. 业务转型（a18） A11. 排斥（a19, a32, a33, a34, a37, a38, a46, a51） A12. 领导关怀（a20, a35, a43, a178） A13. 理解公司变革（a21, a22） A14. 改变想法（a23） A15. 配合公司培训（a24）	AA10. 业务转型（A10） AA11. 排斥（A11） AA12. 领导关怀（A12, A116） AA13. 理解公司变革（A13） AA14. 改变想法（A14） AA15. 配合公司培训（A15）

第4章 组织忘记的形成机理研究

原始语句		...		
尽管组织结构的变革可能给员工的职业生涯及企业发展带来了良机，但面临极大的挑战。一开始，大部分转岗员工在心态、能力等方面踊跃报名，而是消极等待。因为大家都担心转岗之后，不仅收入和地位没有原来的高了，而且一切都要从头开始。针对这种情况，公司指派各基层领导为负责人，加强对每个员工的关怀和引导，并辅以一定的激励政策，确保每个员工都能顺利转岗……	a31. 组织结构变革 a32. 极大挑战 a33. 消极等待 a34. 都担心 a35. 领导关怀和引导 a36. 激励政策	...	A17. 组织结构变革（a31,a143） A18. 激励政策（a36）	AA16. 组织结构变革（A17） AA17. 激励政策（A18）
公司把机加一车间和机加二车间的小车床换成数控车床，说实话我刚开始的时候很排斥数控车床，因为以前的小车床我用久了，觉得操作很顺手，重新学习如何使用数控车床比较麻烦，感觉很有负担。但部门领导要求必须在规定时间内熟练使用数控机床，周围同事也在加紧学习，迫于环境压力我下决心从头学习。数控机床和以前的小车床差异很大，我开始时很不适应，还好有周围的同事一起讨论，经过一段时间的使用和摸索，我慢慢适应了数控机床，发现它在功能方面能更加强大和好用……	a37. 排斥数控车床 a38. 从头学习比较麻烦，感觉很有负担 a39. 迫于环境压力 a40. 下决心从头学习 a41. 开始时不适应 a42. 与同事一起讨论 a43. 使用和摸索 a44. 适应新系统 a45. 体会到新系统的优势	...	A19. 环境压力（a39） A20. 下决心从头学习（a40） A21. 使用和摸索（a43） A22. 适应新系统（a43） A23. 同事讨论（a43） A24. 体会到新系统的优势（a45）	AA18. 环境压力（A19） AA19. 下决心从头学习（A20） AA20. 使用和摸索（A21） AA21. 适应新系统（A22） AA22. 同事讨论（A23） AA23. 体会到新系统的优势（A24）

(续)

原始访谈资料示例	贴标签	概念化	范畴化
刚开始用新系统的时候感觉一切都是新的，很多功能都不熟悉，感觉很焦虑，但我坚持不断尝试，慢慢地，用着用着就感觉越来越熟悉，所有问题都能很快得到解决，感觉越来越好	a46. 焦虑 a47. 不断尝试 a48. 感觉越来越好	A25. 焦虑（a46） A26. 不断尝试（a47） A27. 重获信心（a48）	AA24. 焦虑（A25） AA25. 不断尝试（A26） AA26. 重获信心（A27）
…	…	…	…
2005年年底到2006年上半年，公司股价下跌、人才流失、市场竞争力下降、悲观和彷徨的气氛，面临生死存亡的重大危机，穷则思变，在这种形势下，总经理号召全体员工团结一心应对危机，推动组织流程和企业文化变革，共同推进国际化企业战略的实施	a65. 股价下跌 a66. 信心动摇 a67. 人才流失 a68. 市场竞争力下降 a69. 悲观、彷徨 a70. 生死存亡 a71. 重大危机 a72. 穷则思变 a73. 总经理号召 a74. 组织流程变革	A34. 生死存亡（a70） A35. 重大危机（a71） A36. 穷则思变（a72） A37. 总经理号召（a73） 组织流程变革（a74）	AA27. 生死存亡（A34） AA28. 穷则思变（A36） AA29. 组织流程变革（A37）
…	…	…	…
无论是线上的员工论坛，还是线下的相互交流，各层级干部、员工针对公司存在的问题进行深刻的反思、批评，对公司应该如何进行变革出谋划策	a85. 反思 a86. 批评 a87. 出谋划策	A45. 自省（a85, a86） A46. 出谋划策（a46）	AA34. 自省（A45） AA35. 出谋划策（A46）
…	…	…	…

第4章 组织忘记的形成机理研究

公司管理层的认识和步调统一之后,公司内部展开了一系列自上而下、轰轰烈烈地贯彻企业文化的变革活动。公司分批次对各企业500多名中层管理者进行企业文化变革的培训,改变原来企业文化中不适应国际化发展的部分,加强横向协作,推动企业向系统能力提升、组织结构高效、经营流程规范的方向前进	a95. 步调统一 a96. 贯彻企业文化 a97. 企业文化变革培训 a98. 改变企业文化	A53. 步调统一（a95） A54. 贯彻企业文化（a96） A55. 企业文化变革培训（a97,a118） A56. 改变企业文化	AA40. 步调统一（A53） AA41. 贯彻企业文化（A54） AA42. 企业文化变革培训（A56） AA43. 企业文化变革
从TCL陷入困境到布局"双+"战略的10多年转型历程中,每个阶段TCL都将"最后一公里"的变革提供保障。为了促进"双+"战略转型神成为TCL转型文化的基因,2015年TCL又举办了"鹰旅戈行",以促进企业文化变革	a115. 文化渗入 a116. 变革保障 a117. 文化基因 a118. 企业文化变革	A62. 文化渗入（a115） A63. 变革保障（a116） A64. 文化基因（a117）	… AA48. 文化渗入（A62） AA49. 变革保障（A63） AA50. 文化基因（A64）
公司给予员工充分的信任,让他们在这里可以实现自己的想法。如果他们有很好的创意,让他们进行创新研发。这种内部可以提供资金和团队,公司在充分评估后的创新孵化已经取得了成功,由于有公司兜底,员工们做科研的劲头大增	a130. 充分信任员工 a131. 提供资金和团队 a132. 员工创新研发 a133. 内部创新孵化 a134. 公司兜底	A75. 充分信任员工（a130） A76. 提供资金和团队（a131） A77. 员工创新研发（a132） A78. 内部创新孵化（a133） A79. 包容失败（a134）	… AA60. 充分信任员工（A75） AA61. 资金支持（A76） AA62. 员工创新研发（A77） AA63. 内部创新孵化（A78） AA64. 包容失败（A79）

（续）

原始访谈资料示例	贴标签	概念化	范畴化
随着转型的深化，制造业使用的传统模式组织结构与以客户为力导向进行项目系服务的模式发生了冲突；目前这种以强调部门化和专业化为主的组织结构缺乏横向联系，这给员工的轮岗带来了一定的困难，不利于"通才"的培养，因此亟须进行组织结构调整	a140. 发生冲突 a141. 传统模式缺陷 a142. 业务逻辑改变 a143. 组织结构调整	A85. 发生冲突（a140） A86. 传统模式缺陷（a141） A87. 业务逻辑改变（a141）	AA68. 发现传统模式缺陷（A85, A86） AA69. 业务逻辑改变（A87）
变革之后，公司的组织层级明显减少，员工工作自主权更大，更容易和领导沟通，建言献策更加方便，员工的工作积极性有明显提高	a144. 扁平化 a145. 工作自主权更大 a146. 容易和领导沟通 a147. 建言献策更加方便 a148. 工作积极性提高	A88. 组织层级减少（a144） A89. 工作自主权更大（a145） A90. 容易和领导沟通（a146） A91. 建言献策更加方便（a147） A92. 工作积极性提高（a148）	AA70. 组织层级减少（A88） AA71. 工作自主权更大（A89） AA72. 容易和领导沟通（A90） AA73. 建言献策更加方便（A91） AA74. 工作积极性提高（A92）
一是人口红利消失导致人工成本上升；二是资本外流，高端制造业回流发达国家，低端制造业搬迁至东南亚；三是市场环境恶化，汇率波动加大进出口风险，投机氛围行业致空心化严重……总之，内外冲击让整个制造行业无力招架，在这样的背景下，公司不得不另谋出路	a149. 人口红利消失 a150. 资本外流 a151. 市场环境恶化 a152. 内外冲击 a153. 另谋出路	A93. 内外冲击（a152） A94. 另谋出路（a153）	AA75. 内外冲击（A93） AA76. 另谋出路（A94）
…	…	…	…
我通过阅读说明书和实际操作来学习如何使用新系统。实际上学习新系统没想象中那么难，只要愿意学，都能学会，一旦学会就会有很强的成就感	a170. 实际操作 a171. 愿意学 a172. 成就感	A110. 学习意愿（A171） A111. 成就感（A172）	AA79. 学习意愿（A110） AA80. 成就感（A111）

原始语句	标签化	概念化	范畴化
当我学会如何使用新系统后，我感到如释重负，开心，感觉得自己有很大的突破，新系统使用起来很舒服，我觉得工作干劲更足了，还受到了领导的表扬……	a173. 如释重负 a174. 开心 a175. 很大突破 a176. 很舒服 a177. 干劲更足 a178. 领导表扬	A112. 领导表扬（a178）	AA81. 领导表扬（A112）
……	……	……	……
一开始我感到很茫然，不知从哪儿入手开始学习，幸好坐我旁边的同事对新系统的热情高涨，给我演示了新系统的很多新功能，我所在的部门领导也经常询问我们对新系统的使用感受，这让我意识到学习新系统是很重要的事	a188. 同事热情高涨 a189. 同事帮助 a190. 领导关注 a191. 学习新系统很重要	A114. 同事态度（a188） A115. 同事帮助（a189） A116. 领导询问（a190） A117. 学习态度（a191）	AA82. 同事态度（A114,A126） AA83. 同事帮助（A115） AA84. 学习态度（A117）
……	……	……	……
我们先在企业计划部试用了新系统，用了大概一个月，大家反映都不错，然后开始在整个公司推广使用	a198. 试用新系统 a199. 普遍反映不错 a200. 公司推广	A123. 满意度高（a199） A124. 公司推广（a200）	AA85. 满意度高（A123） AA86. 公司推广（A124）
公司内网专门开辟了一个版块，叫作"新系统学习论坛"，用于讨论新系统的使用问题，这个版块特别活跃，其访问量特别大，刚开始使用新系统的几个星期，大部分员工都一有问题就到学习社区去发帖提问，很快就会回帖非常乐于分享自己的经验	a201. 线上学习论坛 a202. 发帖提问 a203. 回帖分享经验	A123. 线上学习社区（a201，a211） A124. 在线知识共享（a202，a203）	AA87. 线上学习社区（A123） AA88. 在线知识共享（A124）

（续）

原始访谈资料示例	贴标签	概念化	范畴化
…	…	…	…
公司充分利用内部社区的优势，鼓励和发动员工开展互助活动。在社区里，有专业技术人员帮忙解决困扰大多数员工的共性使用问题。对于个别使用问题，一旦被提出，就会有技术"达人"建言献策。获得帮助的用户受到感染或感动，一般也会更加愿意帮助他人	a211. 内部社区 a212. 互助活动 a213. 建言献策 a214. 受到感染 a215. 帮助他人	A125. 互助活动（a212, a213, a215）	AA89. 互助活动（A125）
我个人觉得促使大家使用新系统的关键因素是领导的推动，总经理在职工大会上多次强调公司的价值观——以客户为中心，顺应变化，不断创新，并给大家描绘公司变革后的美好前景。部门领导也一直鼓励大家进行知识共享，我们部门经理是个很有领导魅力的人，大家很愿意支持他的工作	a216. 领导推动 a217. 强调价值观 a218. 描绘美好前景 a219. 领导魅力	A128. 领导推动（a216） A129. 领导强调价值观（a217） A130. 愿景引导（a218） A131. 领导魅力（a219）	AA90. 领导推动（A128） AA91. 领导强调价值观（A129） AA92. 愿景引导（A130） AA93. 领导魅力（A131）
我觉得公司非常有用，大部分人在培训过程中非常认真，很多人还详细地做了笔记，所以在适应新系统时非常顺利	a220. 新系统动员会	A132. 公司动员（a220）	AA94. 公司动员（A132）

4.4.2 主轴编码

本研究在上一步编码过程中获得了大量范畴，Strauss（1998）指出，主轴编码的目的是在范畴之间建立联系，理顺概念间的逻辑线索。通过对多家案例企业的编码进行对比归类，以及对案例原始数据的内在关系脉络进行梳理，最终建立各范畴在概念层次上的关联关系。具体过程为：首先对开放性编码中形成的初始范畴进行归类；其次，总结能够对主范畴起到解释作用的副范畴，最后结合研究主题确定内容最为相关的主范畴。

本研究将前文抽象出的不同初始范畴，按照概念内容上的逻辑关系进行类属划分和归纳，通过主轴编码，最终对 94 个初始范畴进一步归纳，总结出刺激、反应、行动、共享等 19 个副范畴，并在此基础上提取出 5 个主范畴，具体命名为组织忘记的过程、组织忘记的影响因素、个人忘记的过程、个人忘记的影响因素、个人忘记和组织忘记的联系机制，表 4-4 展示了具体的主轴编码结果。

表 4-4 主轴编码结果

主范畴	副范畴	概念编码
组织忘记的过程	刺激	AA1（外部环境变化）、AA2（公司经营受影响）、AA3（重大危机）、AA27（生死存亡）、AA75（内外冲击）
	反应	AA4（应对危机）、AA28（穷则思变）、AA34（自省）、AA35（出谋划策）、AA68（发现传统模式缺陷）、AA76（另谋出路）
	行动	AA6（改变思维模式）、AA10（业务转型）、AA16（组织结构变革）、AA29（组织流程变革）、AA43（企业文化变革）、AA69（业务逻辑改变）
	共享	AA5（达成共识）、AA40（步调统一）、AA41（贯彻企业文化）、AA42（企业文化变革培训）、AA85（满意度高）、AA86（公司推广）
组织忘记的影响因素	组织创新文化	AA60（充分信任员工）、AA61（资金支持）、AA62（员工创新研发）、AA63（内部创新孵化）、AA64（包容失败）、AA77（员工创新意识）
	变革型领导行为	AA53（激发企业活力）、AA12（领导关怀）、AA78（智力激发）、AA92（愿景引导）、AA93（领导魅力）
	扁平化组织结构	AA70（组织层级减少）、AA71（工作自主权更大）、AA72（容易和领导沟通）、AA73（建言献策更加方便）、AA74（工作积极性提高）
	组织激励	AA17（激励政策）、AA45（薪酬激励）、AA46（非物质激励）、AA47（考核奖罚）

（续）

主范畴	副范畴	概念编码
个人忘记的过程	摒弃旧知识	AA14（改变想法）、AA19（下决心从头学习）、AA25（改变观念）
	接受新知识	AA20（使用和摸索）、AA21（适应新系统）、AA51（接受新观念）、AA52（学习新系统）、AA77（执行新流程）
	认可新知识	AA22（体会到新系统的优势）、AA36（认为新流程更加合理）、AA37（新系统功能强大）、AA59（乐意使用新系统）、AA80（成就感）
	内心情绪调整	AA11（排斥）、AA24（焦虑）、AA30（受挫）、AA26（重获信心）、AA31（如释重负）、AA32（渐入佳境）、AA33（突破自我）
个人忘记的影响因素	领导要求	AA81（领导表扬）、AA90（领导推动）、AA94（公司动员）
	对组织变革的理解	AA13（理解公司变革）、AA54（增强组织认同感）、AA55（工作意义感增强）、AA56（坚定变革信念）、AA15（配合公司培训）
	学习能力	A79（学习意愿）、AA84（学习态度）、AA24（不断尝试）、AA38（干中学）、AA39（想方设法）
	组织氛围	AA18（环境压力）、AA22（同事讨论）、AA82（同事态度）、AA83（同事帮助）、AA67（互相交流）
个人忘记和组织忘记的联系机制	领导建立价值观	AA44（自上而下价值观塑造）、AA48（文化渗入）、AA49（变革保障）、A50（文化基因）、AA91（领导强调价值观）、AA57（践行价值观）
	创建学习社区	AA87（线上学习社区）、AA88（在线知识共享）、AA89（互助活动）、AA65（开展部门内学习）、AA66（广泛讨论）
	教育培训措施	AA7（提高员工素质）、AA8（拓展训练）、AA9（岗位技能培训）、AA58（讲座和学习班）

4.4.3 选择性编码

选择性编码是通过系统梳理上述主范畴，将概念凝练，归纳出更具概括性的核心范畴，将原始案例资料进一步理论化。该环节的主要目的是利用抽象出的范畴简明概括案例资料中的事件，通过构建核心范畴与其他范畴间的逻辑关系，形成一定的理论构架。

本研究结合企业案例对上述五个主范畴进一步进行比较和分析，发现组织忘记的过程、个人忘记的过程以及个人忘记和组织忘记的联系机制均是企业组织忘记实现过程的体现，因此将三者命名为组织忘记形成机理。组织忘记的影响因素和个体忘记的影响因素可单独作为两个核心范畴。

本研究将提炼的范畴与原始资料结合分析，得到围绕核心范畴的故事线：由于外部环境的变化，企业经营受到影响，企业在内外冲击之下遭遇重大危机，面临生死存亡，在此形势下，企业高层管理者穷则思变，组织大讨论进行自省，发现传统思维模式和现存惯例的缺陷，动员全员参与，实施组织忘记和个人忘记。对组织来说，通过改变思维模式、业务转型、组织结构变革、组织流程变革、企业文化变革等组织忘记行为进行组织转型，在收到好的效果后统一步调，达成共识，通过在企业内部进行企业文化变革培训来贯彻新的企业文化，推广新的观念和惯例；对个人来说，个人忘记主要有摒弃旧知识、接受新知识、认可新知识和个人情绪调整四个过程。个人忘记和组织忘记之间通过自上而下地塑造价值观、创建学习社区和教育培训措施进行联系。

组织忘记的形成机理模型可用图 4-1 表示。

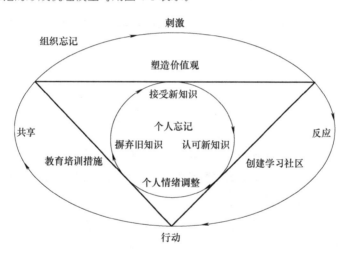

图 4-1　组织忘记形成机理模型

本研究对剩余的一家验证性案例企业的原始资料（宗申集团）进行了编码，发现出现的新概念最终均可归于已经提出的范畴。此外，本研究请教和咨询了相关领域的专家和学者，未发现新的范畴，因此认为组织忘记形成机理模型是饱和的。

4.5　组织忘记形成机理模型阐释

本研究选取陕鼓动力、TCL、西拓电气、柳工集团和宗申集团五家转型企业进行案

组织忘记对企业战略转型的影响研究

例分析,对它们进行了实地调研和深度访谈,并通过各种渠道获取丰富且翔实的一二手资料,以扎根理论为工具对原始资料逐一进行三级编码,进行完整且系统化的分析;经检验,饱和度符合要求,进而提炼出组织忘记形成机理模型,并将其总结归纳为组织和个人两个层面的忘记,通过两个层面之间的联系机制最终形成组织忘记。以下对两个层面的忘记过程以及联系机制进行详细阐述。

1. 组织层面的忘记过程

根据本研究,企业在组织层面的忘记经历了刺激—反应—行动—共享四个阶段,如图 4-2 所示,下面对四个阶段进行解释说明。

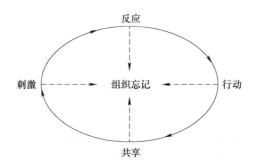

图 4-2 组织层面的忘记过程

第一阶段:刺激。在此阶段,组织因为受到外界刺激,如在金融危机、贸易冲突、经济发展新常态等的影响下,外部经营环境发生重大变化,因此企业市场份额和销量大幅下滑,竞争力下降,面临生存危机。

第二阶段:反应。在此阶段,组织"穷则思变",开始想办法应对外界环境的改变。企业往往通过自省发现传统模式的缺陷,或通过高管会议或更大范围的全员大讨论来出谋划策,另谋出路。

第三阶段:行动。在此阶段,组织开始通过改变思维模式、业务转型、组织结构变革、组织流程变革、企业文化变革、业务逻辑改变等各种方式进行组织忘记,并通过持续不断地使用来巩固新知识和新惯例。

第四阶段:共享。在此阶段,组织成员对组织忘记已达成共识,步调统一,通过贯彻企业文化、企业文化变革培训等方式共享组织忘记的理念并推广组织忘记的各种措施。

2. 个人层面的忘记过程

根据本研究,个人忘记经历了摒弃旧知识—接受新知识—认可新知识—个人情绪调整四个阶段，如图4-3所示，下面对四个阶段进行解释说明。

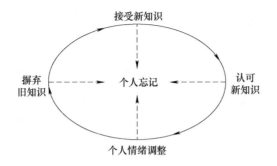

图4-3 个人层面的忘记过程

第一阶段：摒弃旧知识。在此阶段，对旧知识的摒弃或是因为个体主动发现了旧知识存在缺陷，不能满足当前的工作需求，或是因为组织强制个体使用新知识替换旧知识。

第二阶段：接受新知识。在此阶段，个体主动或被动使用新知识，大多数个体会使用试错的方法，通过寻找新知识和旧知识之间的联系来逐渐熟悉新知识。

第三阶段：认可新知识。在此阶段，个体持续不断地使用新知识，对新知识越来越熟悉，逐渐认识到新知识的优点，从内心真正认可了新知识。

第四阶段：个人情绪调整。在此阶段，个人在最初可能会出现的懊悔、受挫等负面情绪已基本消失，在学习和使用新知识的过程中体会到成就感。

3．个人忘记和组织忘记之间的联系

根据本研究，组织层面的忘记和个人层面的忘记主要通过塑造价值观—创建学习社区—教育培训措施等方面进行联系。

塑造价值观：组织忘记往往发生在外部环境发生重大变化，组织面临变革和转型的时期。由于个体惰性，员工往往不愿意立即接受改变，因此，需要高层领导自上而下建立一种适应环境、创新求变的价值观，引导员工顺应潮流，积极求变。

创建学习社区：个人在忘记过程的初期往往会产生焦虑、受挫、烦躁等负面情绪，因此，创建在线或线下学习社区，加强员工之间的互相交流和互助，能够很好地缓解负面情绪，促进知识共享，促进个人忘记的顺利进行，最终由个人忘记扩散为组织忘记。

教育培训措施：企业通过动员会、大讨论、讲座、培训等措施加强新思想、新惯例、新知识的扩散和共享，使得个人层面的忘记上升到组织层面的忘记。

4.6 本章小结

本研究首先对定量和定性研究方法进行了比较，并选择定性研究方法对组织忘记的机理进行探究；其次选取了陕鼓动力、TCL、西拓电气、柳工集团和宗申集团五家转型企业，对它们进行了实地调研和深度访谈，并通过各种渠道获取丰富且翔实的一二手资料，以扎根理论为工具对原始资料逐一进行了开放性编码、主轴编码和选择性编码三级编码，进行完整且系统化的分析；最后，经检验，饱和度符合要求，进而提炼出组织忘记形成机理模型以及影响因素。

第 5 章
组织忘记关键影响因素实证研究

本研究已通过案例研究和扎根理论的方法得到了组织忘记的四个主要影响因素，本章将通过文献分析进一步确定组织忘记的关键影响因素，并通过大样本调查问卷，实证研究影响因素对组织忘记的作用以及影响因素之间的关系。

5.1 组织忘记影响因素的国内外研究

国外方面，Wong 等（2011）、Lee 和 Sukoco（2011）、Pighin 和 Marzona（2011）分析了组织忘记的影响因素。Nystrom 和 Starbuck（1984）认为组织中高层管理者变更会影响组织忘记。Akgün（2006）认为组织之前投入的大量精力和资源形成的信念和行为，会抑制组织忘记的产生，阻碍组织进行有效的学习以及组织变革。Erdogan 和 Tosun（2009）认为外界环境不断变化，个人习惯随环境的变化而改变则可以抵抗惰性，促进组织忘记行为的产生，同时组织自我检测也会对组织忘记产生积极影响。Becker（2010）认为组织层面的影响因素有组织变革历史（history of organizational change）、组织支持与培训（organizational support and training），但其研究只是在一个组织进行的，且只用因子分析法提取出了主要影响因素，对这些因素的作用强度和大小没有进行进一步的验证。Argote（2012）指出组织忘记的影响因素有很多种，比如环境、工作压力和个体等因素都会在一定程度上对组织忘记产生影响。Laguë 和 Rhaiem（2014）系统地总结了组织忘记的促进因素和抑制因素。其中抑制因素有个人投资（personal investment）、知识间距离（distance to knowledge）、知识的非法性（illegitimacy of knowledge）、感知效用（perceived utility/necessity）、激励缺乏（lack of incentive）等，促进因素有组织变革（organizational change）、常规轮岗（regular rotation of personnel）、改变商业导向（change business orientation）、领导行为（leadership）等。Leal-Rodriguez 等（2015）在研究中指出，创新知识缺乏（lack of creative knowledge）是组织忘记的关键影响因素，组织中创新知识的缺乏会严重影响组织自我诊断的能力，从而使组织固步自封，无法进行知识的更新迭代，使组织忘记行为严重受阻。

国内方面，陈春花等（2006）将影响组织忘记管理的因素分为内部因素和行业环境因素：内部因素包括权利因素、文化因素、激励因素、人力资源因素和制度与规则因素；行业环境因素包括资本密集度、市场增长率和行业动态性。但她只是对这些因素进行了解释，并没有进行具体的实证分析。阮国祥和毛荐其（2012）将环境变化作为组织忘记的影响因素进行实证分析研究。他指出，组织现存的观念结构、惯例、文化及制度等应具备一定的灵活性以适应环境的变化。因为随着环境的变化，顾客期望、需求以及技术等也会随之变化，新知识的引入将导致已有知识的迅速贬值。当组织知识因环境的变化而变得失效时，改变行为显得十分关键。金智慧和施建军（2009）在通过实证研究证明了员工情绪和主管行为是组织忘记的影响因素，组织中员工的两种情绪类型（积极情绪和消极情绪）在支持性环境下能够通过相互作用共同对组织忘记的过程产生影响。当主管提供了支持组织忘记的环境以及组织中积极情绪较高时，组织中的消极情绪与组织忘记有强正相关性；当组织提供支持性环境，而且组织内积极情绪、消极情绪都很高时，组织忘记水平最高。在此基础上为组织提出了支持组织忘记的三种组织环境：启发性反馈、成员信任和互动性公平。宋哲（2013）通过组织忘记研究相关的数学框架对技能衰退和人员流动这两个影响组织忘记发生的因素进行了研究，并研究了这两个因素在影响组织忘记的过程中所起作用的区别，认为人力资本价值是影响组织忘记的核心要素。郭秋云等（2017）认为，影响组织忘记的主要因素之一就是组织傲慢，由于过去的成功所导致的组织傲慢使组织的知识构架自我封闭，组织拒绝听取其他新的想法以及新的建议，因此无法以先进的、全局的眼光看待组织的整体形式，从而陷入无知的真空当中。

从上述回顾中我们可以看出，中外学者对影响企业组织忘记的因素的相关研究还不够丰富，组织忘记的形成过程还不够明确，在现有条件下对组织忘记的影响因素进行全面的研究难度很大。因此，本研究首先采用文献分析的方法，依据学术界对组织忘记影响因素的研究，对最近几年国内外学术期刊上公开发表的有关组织忘记影响因素的文献进行查阅、收集、整理、分析，共搜集到46篇有关组织忘记影响因素的文献，对其中涉及的22个组织忘记影响因素进行筛选，排除出现率较低的影响因素，并对剩余的因素中命名存在差异但含义相同的项目进行了合并统一，最终得到12个组织忘记的影响因素，即组织创新文化、扁平化组织结构、组织激励、变革型领导行为、组织员工情绪、组织内权利因素、组织团队危机、组织变革、组织主管行为、组织知识转移、外部环境和组织年龄。结合本书第 4 章案例研究的研究结果,对各类影响因素再次进行分析归类,最终得出组织文化、领导行为、组织结构及组织激励四类关键影响因素。

根据以上综述可以看出组织忘记是伴随组织知识管理和组织学习甚至先于它们的一种忘记学习活动。同时,变革型领导通过构建良好的创新文化、完善的激励制度以及合理调整组织结构等一系列行为活动,搭建起组织的知识框架。组织文化如空气般弥漫在整个组织的知识体系当中,组织中的创新文化对组织知识的质量、特点等要素的要求更为严格,组织势必会通过忘掉不合格的伪劣知识来达到创新的目的。激励的合理实施能够激发组织内部成员的学习动力,从而培养组织忘记的良好氛围。扁平化的组织结构使得不同层级之间沟通的频率增加,降低知识受损失真的概率,进而提升组织知识体系的动态能力和时效性。因此,组织知识学习活动中的组织忘记势必会受到组织创新文化、扁平化组织结构、组织激励和变革型领导行为的影响。因而本研究根据上一小节影响因素的提取,进一步从组织创新文化、扁平化组织结构、组织激励以及变革型领导行为这四个组织忘记的关键影响因素来进行综述。

5.1.1 组织创新文化因素

对于组织创新文化,当前国内外学者并没有给出统一的定义,其中比较有代表性的观点有以下几种。Kontoghiorghes(2016)在关于组织文化定义的研究中,从独立性及可测性的角度将组织文化分为支撑型文化、官僚型文化及创新型文化。Thornberry(1990)对于创新文化给出的定义是组织内部主张创新、倡导冒险精神的一种文化;这种文化通过鼓舞和激励组织创新,使组织在面临灵活多变的环境风险时,能够快速反应并决策;这将对组织成员提出更为严格的要求,也要求组织把创新视为组织内部最重要的一种文化,必须贯彻到组织的每一个细胞单元中去。许庆瑞等(2004)认为组织创新文化是以提倡创新、接受困境的理念为基础,以坚持创新的政策、措施为组织愿景的保障和推动力,以组织成员的创新行为作为主要体现的民主性和激励性的组织文化。陈泞(2007)对组织创新文化的定义是:与创新相关的文化气氛,换句话说,是将创新视为组织的核心精神,结合组织的经营特点以及战略目标,制定有益于组织创新的政策、制度和措施,将创新文化作为一种组织内部精神支柱。葛宝山等(2016)综合学术界相关研究给出了组织创新文化的定义,即组织在进行创新过程中所营造的集体精神、行为,以及由此表现出的创新成就和创新意识;鉴于其对于组织创新文化的研究和本研究相近,本研究将沿用其对组织创新文化的定义。

组织创新文化能够加深组织成员对组织忘记影响力的理解和思考，为组织忘记的形成和实施提供新的视角。在拥有良好创新文化的组织中，组织成员往往比传统文化中的成员对新知识更具有敏锐的洞察力，在学习方法和工作方式方面往往更容易开辟新途径，在知识的管理和技术的改进方面往往会迸发出新的想法和见解。创新意味着要重新审视之前和现在的知识体系、管理构架及制度流程等各个方面，并针对现有模式的不足进行调整和摒弃，再对所探索到的新内容进行综合筛选并融合到原有体系中去，这一过程在一定程度上促进了组织忘记的产生。Becker（2010）认为组织文化通过影响组织成员的行为和心智模式，影响组织学习和组织忘记，其中创新文化的作用尤为明显。如何激励并吸引组织成员学习和忘记，通常与组织所建立的创新文化有很大的关系。Klein（1989）指出塑造创新文化是发展学习型组织的一项必要工具，通过正面且支持性地创新文化，可以强化组织学习的动力。更需要有强势的创新文化来鼓励组织成员相互学习和大胆忘记旧知识以适应变化。陈春花等（2006）认为，组织创新文化能够使组织成员相信创造力、敢于尝试和挑战新鲜事物，是组织不断进步的核心理念，组织要强化创新文化下对组织忘记的重视程度和其优先级别。创新文化中的组织成员往往更倾向于追求未知，新鲜感和好奇心驱使其持续尝试、吸收新知识。组织忘记和组织学习相辅相成。

5.1.2 扁平化组织结构因素

当前关于组织结构的相对权威的定义如下：罗宾斯（1997）在《组织行为学》中将组织结构定义为对于工作任务如何进行分工、分组和协调合作。理查德等（2003）在《组织理论与设计精要》中，概括了组织结构设计的关键三要素：①组织结构决定了正式的报告关系，包括层级数量和管理跨度；②组织结构还可以确定个人如何组合成部门，部门如何组合成组织；③组织结构包含了一套保证跨部门有效沟通、合作与整合的系统。Chandler（2004）认为组织结构是组织为管理而使用的组织设计，主要包括组织各部门和部门领导者之间的权力路线、沟通途径，以及通过这些路线和途径流转的数据和信息两方面。多数学者是在组织结构定义的基础上界定扁平化组织结构的定义的。

扁平化组织结构，是指在科层制组织结构基础上，以信息为中心，实现横向一体化，最大限度地缩小决策层及运作层的距离而建立起来的一种紧凑、高效而富有弹性的新型团体组织（陈福亮，2011）。扁平化组织结构一方面意味着要减少中间管理层，压缩职能机构，裁减人员，拓宽组织管理幅度和扩大组织管理跨度；另一方面，要同时实行管理权力下放，充分调动各层级管理人员、作业人员的积极性、主动性和创造性，降低组织内部信息交流成本，为使组织上下级之间、各部门之间及其与外界环境之间的信息交流变得方便快捷。

扁平化的组织结构由于其简练的结构优势，拉近了各个层级之间的距离，使得组织更加敏捷并且更具有活力，组织内部的知识流、信息流等更为通畅。另外，组织所出现的问题和矛盾也会暴露得更为充分和及时。这样，组织自然更容易发现现存的缺点和不足，并且迅速探寻新的补救方案。从这一角度来说，扁平化组织结构可以说是组织忘记的"孵化器"。Laguë 和 Rhaiem（2014）在研究组织忘记的促进因素中指出，扁平化组织结构有利于组织各部门之间不断地进行知识交流，促进知识的流动，从而防止知识长时间积累沉淀而形成"知识污垢"。Zahra（2002）认为，扁平化组织结构使得每个层级、每个成员之间的便捷高效的知识信息交换得以实现，其充分分权的结构特征有利于减小组织知识体系的调整压力以及解决组织管理不平衡的问题，有利于员工自我实现需要的满足，从而激发员工个人学习的积极性、主动性和创造性，对无用的传统惯例大胆地表达出忘记的勇气。结构的扁平化，使得组织易于听到下层组织成员的忘记建议，进而创造出更多组织忘记的实施机会。Lee 和 Sukoco（2011）认为组织结构的选择对组织忘记的形成与发展起到十分重要的作用。一个组织的结构决定了这个组织的知识框架和理论体系。扁平化的组织结构可以有效地防止知识信息拥堵所造成的信息失真、知识失效等严重后果。Conner（2010）也在研究中指出，扁平化组织结构可以有效消除旧知识模式中上下沟通不通畅的学习痛苦，减轻知识过度积压的年久衰败的后遗症。

5.1.3 组织激励因素

李垣和刘益（1999）将组织激励界定为组织内各行为主体相互提供诱因以换取其他行为主体为其目标实现贡献的行为过程。王云访、岳颖等（2008）将组织激励界定为通过提供良好的工作环境、行为规范、奖罚措施、人性化交流等一系列活动来激发、引导以及规划组织成员的行为。刘枭（1998）给出的组织激励的定义是，组织为达到激发、引导和约束组织成员行为的目的，通过规章制度、行为规范、道德标准以及奖惩措施等方面的激励因素对组织成员进行激励。其中规章制度属于组织显性规则，行为规范、道德标准属于组织的隐性规则。本研究主要采用刘枭对组织激励的定义，将激励因素分为向组织成员提供的有形激励因素和无形激励因素，这些激励因素能够激发、保持和规范组织成员的各种行为，从而有效实现组织目标。

组织的激励制度在很大程度上影响着组织成员的学习态度以及工作激情。Laguë 和 Rhaiem（2014）认为，组织激励是调整知识管理、改善知识结构的主要动力，组织为成员提供的全面激励，可以使知识传播更加迅速，产生更大规模的知识流动，提高知识的利用率，进而实现知识变革的快速转换；对组织成员进行完善、合理的激励，可以减轻组织成员对组织知识的学习压力，有效提升组织的知识学习水平和忘记水平。Lee 等（2011）指出，持续稳定的组织激励在维持了组织成员的工作满意度和自身需求之外，会使组织成员形成更高层次的学习追求，其中就包括组织忘记。Zahra 和 George（2002）研究认为组织激励能够免除组织成员的后顾之忧，使得组织成员具备更多的精力去思考组织的知识架构以及管理，使组织成员更容易发现原有组织知识中存在的诟病，更愿意摆脱传统的视角而大胆创新，组织激励对整个组织的知识管理有着间接的促进作用。

5.1.4 变革型领导行为因素

Burns（2016）将变革型领导定义为：领导者凭借自己较高的理念和道德价值，激发组织成员的动机，充分发挥成员的能力，从而将组织成员也提升为领导者。领导者是改革创新的先锋，变革型领导行为是领导者与组织成员相互提升至较高的需求和动机水平的过程。Bass（1993）认为，变革型领导通过让组织成员意识到所做工作的重要性，激发组织成员的高层次需要，赢取他们的信任与尊重，促使他们全身心地为组织的目标而努力，并达到超越自身利益的结果。变革型领导者能够以自身魅力对组织成员施加很强的影响，激发组织成员为组织牺牲自身利益，结合个性化关怀与智能激发，让组织成员为组织利益而全力以赴。Bass 的定义在现阶段的学术界得到了普遍认可，具有一定的权威性，因此本研究采用 Bass 对变革型领导行为的定义。

作为一个组织的领头羊角色，变革型领导势必会对组织的各个方面都起到无法替代的作用，在知识管理层面的作用尤为突出。Nystrom 和 Starbuck（1984）指出高层领导者在某种程度上是组织的知识领袖，很多组织的领导者对组织的知识体系构建有很大比例的贡献。变革型领导善于发现旧知识的缺点、不足和新知识的优势，并能够做到知识体系中新旧知识快速转换的平衡。Pighin 和 Marzona（2011）认为，变革型领导自身具备改革创新的能力和条件，其灌输和鼓励可以带动整个组织进行知识结构的变革与整顿。变革型领导对组织忘记的强调与重视，自然会触发整个组织的组织忘记高潮。同时 Laguë 和 Rhaiem（2014）的研究表明，变革型领导能够通过魅力感染、行为引导、观点灌输、人文关怀等多方面的行为来综合驱动组织忘记的形成与落实。Cegarra-Navarro 等（2012）的研究指出，变革型领导对知识创新具有前瞻性，强调组织不要拘泥于过去暂时的成功经验而陷入骄傲自满的记忆泥潭，能够增加新旧知识不断碰撞的机会，支持知识交流，消除陈旧知识造成的障碍，从而提升组织忘记的效率。

5.2 影响因素之间关系的研究

目前国内外还没有学者对企业组织忘记能力的影响因素之间的关系进行专门研究，但是关于变革型领导行为、组织结构、组织激励和组织文化四者之间关系的研究颇多。孙建国和田宝等（2006）通过对中国科学院的 81 个研究所进行网络调研，得到变革型领导行为与组织创新文化有强正相关性的结论。Vera 和 Crossan（2004）在对领导理论做深入分析后，就变革型领导行为对扁平化组织结构的影响进行了系统的案例研究，结果表明，变革型领导行为能够促进组织结构的扁平化，从而促进企业的组织变革。王雪莉（2013）在就变革型领导行为对知识转移的影响进行研究时指出，组织文化可以作为变革型领导行为与知识转移之间的中介变量，这说明变革型领导行为能够通过组织文化对知识转移产生间接影响。鲁媛源（2015）在统计分析的基础上，证明了变革型领导行为与扁平化组织结构有强正相关性。

5.3 概念模型的构建与研究假设的提出

5.3.1 概念模型的构建

本章主要聚焦于企业组织忘记的关键影响因素及其关系研究。借鉴其他学者的相关研究，本研究将组织忘记分为忘记学习、避免恶习两个维度，尝试构建以下的研究框架，即组织创新文化、变革型领导行为、扁平化组织结构及组织激励影响忘记学习和避免恶习，变革型领导行为同时影响扁平化组织结构、组织创新文化和组织激励，而组织创新文化同时也影响组织激励。本研究的概念模型如图 5-1 所示。模型中箭头表示直接作用和方向，从模型整体构架上看，组织创新文化、变革型领导行为、扁平化组织结构和组织激励是自变量，忘记学习和避免恶习是因变量。

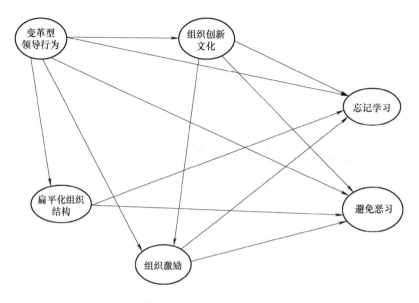

图 5-1　本研究的概念模型

5.3.2　研究假设的提出

1. 组织创新文化与组织忘记的关系

（1）组织创新文化与忘记学习的关系　一个具备创新文化的企业，通常会鼓励其内部成员去质疑传统的学习体制，挑战传统的学习理念，冲出传统的思维束缚，主动地忘记组织内过时的知识。忘记学习要求改变组织内整体的思维模式以及由此导致的行为模式，忘记组织中陈旧的、过时的观点、惯例和方法等，清除掉老旧的思维和行为习惯等。企业可能曾经依靠之前的知识结构、经验模式和经营理念获得成功，但随着时代和环境的不断变化，这些"成功经验"都会变得不再有效，反而成为阻碍组织再学习的绊脚石。它们不仅变成无效、多余的废料，而且占据了企业大量的记忆存储空间，使得企业很难高效地学习。创新文化对组织学习的影响得到了国内外很多学者的证明。Senge（2006）认为组织一定要逃离惯性学习，组织对当前的知识体系和理论构建要持有客观质疑的态度，应该建立起一种创新性和流动性的学习文化氛围。杨智和刘新燕（2004）通过实证研究总结出，创新文化作为组织文化的一种，对组织学习有着很大的影响。Szymura 和 Kucia（2016）进一步强化了文化在学习中的地位，他指出组织学习与创新文化是密不可分的。孟凡华（2006）基于实证研究得出创新文化对组织学习有显著的正向影响的结论。综上所述，本研究提出假设：

H1——组织创新文化对忘记学习具有显著的正向影响。

（2）组织创新文化与避免恶习的关系　避免恶习指的是在组织学习的过程中，面对纷繁复杂的知识源，组织要有一定的辨识能力，对自身有益的知识进行学习、吸收和转化，并规避掉那些对组织无益或有害的陋习。与此同时，组织还需要对学习的方法和程序进行有效的辨别与采纳，这种对知识"辞旧迎新"的学习过程很大程度上提高了组织的学习效率。李春景（2003）认为创新文化可以促进组织内部学习的动力，组织通过持续创新，对新旧知识进行有判断力的整合、存储和运用，进而增强自身学习柔性。从知识管理的角度看，避免恶习在组织进行知识获取的过程中起到"防火墙"的作用，将外部有害或无用的知识阻挡在组织外部，防止其进入组织内占用学习空间。Powell 等（1996）认为组织学习就是对知识的整合，文化的创新可以为组织知识整合提供专业的学习氛围。组织学习是对知识进行有效管理和整合的行为，良好的文化创新意识可以为组织的知识整合提供专业的学习通道。创新文化可以说是鼓励探索新知识、辨识新事物和吸收新内容的必要条件。避免恶习则是知识创新的进一步探索和实践。综上所述，本研究提出假设：

H2——组织创新文化对避免恶习具有显著的正向影响。

2．扁平化组织结构与组织忘记的关系

（1）扁平化组织结构与忘记学习的关系　扁平化组织结构能够提高组织内部知识交流的自由度，充分的分权使组织更加包容和开放，进而形成知识体系中的百家争鸣，充分激发组织知识的活性，防止内部知识僵化而导致组织知识变质的严重后果。忘记学习就是指组织对已有的因时间、环境等而可能已经不适的知识进行及时、主动的忘记。主动忘记的这一过程，对于组织的记忆系统来说是释放空间的过程，而这一过程的成果很大程度上归功于知识流动性的提高，知识空间的释放有利于组织更快地、更好地接受新的知识。秦泗凯（2010）在扁平化组织结构的特征研究中指出，扁平化组织具有一定的柔性，并且更加注重组织内部的交流和学习，从而进一步促进知识的创新与共享。李晓倩（2009）提出扁平化组织结构的特点之一是快速反应、迅速决策，因此组织内部成员需要具备思维敏捷、反应及时等能力。扁平化组织结构可以促进组织各个层级之间便捷且高效的知识交换，增强组织学习的前瞻性和创新性，实现学习与工作的同步进行，为忘记学习创造知识整合的条件。因此本研究提出假设：

H3——扁平化组织结构对忘记学习具有显著的正向影响。

（2）扁平化组织结构与避免恶习的关系　企业是个学习组织，时刻都在思考如何学习新的知识，引进新的技术，尝试新的文化，制定新的管理流程，寻求开发新的产品和服务。企业在学习这些新的广义知识时，会有意识或者无意识地和企业自身的旧知识进行比较，在这种情况下，企业往往会因为其复杂的中间管理层而影响对新知识的分析、筛选和融入。江林和由蕾（2002）指出，扁平化组织实际上是一种学习导向型组织结构，管理层次的减少使得组织对于新知识的反应速度及筛选能力明显增强，换句话说，企业在学习新的知识时，在扁平化结构中的上下级之间的短距离互动很容易促进对新知识的交流讨论，识别新知识的利弊，从而做出对新知识的选择性吸收。避免恶习就是指组织在学习新的知识时，能够始终紧紧围绕自身情况，充分结合环境，学习对自己最有用、最适用的新知识，避免学习无用的、有害的知识。李晓倩（2009）在研究扁平化结构时指出，组织内部管理层次的减少、职能部门的精简，使得组织上下级间知识的互动和渗透更为方便和频繁，组织信息和知识在层级之间的上下传达更加及时和敏捷，进而很大程度上提高了组织的管理和学习效率。肖平（2012）的研究指出，组织减少管理层次，有利于知识的快速传递，从而可以使组织尽快发现知识所反映的问题，并及时采取措施纠正偏差。因此本研究提出假设：

H4——扁平化组织结构对避免恶习具有显著的正向影响。

3. 组织激励与组织忘记的关系

（1）组织激励与忘记学习的关系　组织激励与组织学习、知识管理的融合趋势越来越明显。廖飞等（2010）提出，在组织中，激励机制起着关键的补充作用，建立有效的激励机制以促进知识的转移构成了组织最重要的任务之一。组织在长期运行过程中可能会形成一些惯例，随着时间、环境的发展，这些惯例可能与组织发展不相适应，成为组织的"惯性陷阱"。忘却学习可以清除组织知识整合和利用过程中的路径依赖，减少知识整合和利用的刚性，为组织实现知识利用路径的创新提供助力。曹丹（2007）在研究中指出，组织激励能够为组织提供一个良好的学习环境，使组织成员能够不断地在日常工作中对组织中的旧知识及旧惯例进行反思，不断地超越自己的惯常行为习惯，不断地超越思维的定式，从而不断完善组织的知识结构和认知模式，培养组织良好的学习能力。这种激励效果正与忘却学习不谋而合。因此，组织激励常常成为激发组织成员工作动机，促使组织成员对组织产生主动忘记学习意愿的原动力。陈春花等（2006）认为管理者必须通过跟踪和激励使个体进行主动忘记，使个体与其他成员进行知识分享。合理高效的组织激励，会使组织成员更好地掌握组织知识的动态性，从而更好地促进组织忘记。由此，本研究提出假设：

H5——组织激励对忘记学习具有显著的正向影响。

（2）组织激励与避免恶习的关系　曹丹（2007）研究并指出，建立与组织自身相匹配的激励制度，能够为组织知识的扩散与共享，以及学习创新提供良好的土壤。李毅和熊阳武（2001）认为组织激励能够增强组织成员的学习动力和创新激情，是组织提升核心竞争力的重要举措。Lord 和 Hanges（2010）研究发现，全面的组织激励可以更好地了解组织成员的工作动机，增强组织知识的共享。避免恶习就是指组织在不受有害知识的干扰下对有用的知识保持很强的转换能力，接触的知识源头，尤其是从外部获得更加"纯粹"的知识，间接地剔除无用的干扰的知识，增强自身的知识广度和深度。良好的组织激励能够使组织成员在工作中追求比工作更高的目的，激发新的思考与行动方式，产生力量和勇气去改变现状。在激烈的竞争中，组织激励的合理应用能够鼓励组织成员时刻保持着最好的学习状态，以及对那些有利于组织的技术、制度、文化等保持很强的感知能力，同时又不受到组织外部有害知识的干扰。Baloff 和 Mckersie（1966）的研究结果表明，组织激励的缺失会导致组织成员对组织的不满，组织之前的旧的信念和惯例可能会造成组织搜索、获得外部知识、整合新旧知识的路径变得模式化，呈现一种锁定状态。刘枭（2011）指出在完善的激励机制下，会使组织学习的正常运作能力得到更好的提高。由此，本研究提出假设：

H6——组织激励对避免恶习具有显著的正向影响。

4．变革型领导行为与组织忘记的关系

（1）变革型领导行为与忘记学习的关系　Holan 和 Phillips（2004）基于实证研究指出，组织在学习过程中往往会遇到组织新旧知识的矛盾，这在某种程度上可能导致组织陷入知识僵局，从而阻碍新知识的接受及吸收。作为组织忘记的重要维度，忘记学习是指组织面对新知识的不断涌入，主动地忘记组织中存在的部分旧知识，如组织的管理理念、规章制度等。Marengo 等（2001）也指出组织多年积累、沉淀下的知识资源并不完全是优质的、有效的，有些甚至对组织有害，这些劣质、无效的知识可能会造成组织的盲目依赖，与此同时它们还占据了大量的知识存储空间，因此组织务必要忘记它们。在我国已进入新常态的时代背景下，组织运营所处的环境与之前存在着很大的差异，变革型领导能够时刻跟进环境的改变，以开放、批判的心智和眼光去质疑原有的组织知识、惯例等。王永伟等（2012）在研究变革型领导行为与组织学习的关系时指出，变革型领导会鼓励组织成员去打破常规，强调组织不要受传统惯例的影响，强调不要因为组织之前取得的成功而陷入自我欣赏甚至过度自信中，要对传统的知识管理模式进行大刀阔斧的改革。Jansen 等（2009）论证了变革型领导行为对组织学习有显著的正向作用。变革型领导对组织知识的改革，能够有效地打破组织的旧传统，清除组织机构的刚性特征，通过及时处理不合时宜的规章制度和落后的技术、流程，使得组织脱胎换骨，充满活力，使组织在面对环境变化时，有很强的学习能力。综上所述，本研究提出假设：

H7——变革型领导行为对忘记学习具有显著的正向影响。

（2）变革型领导行为与避免恶习的关系 变革型领导能够通过自己的魅力对组织成员的工作激情产生影响，能够对组织成员进行正确的引领并给予民主化、人性化的管理方式，受到感染的组织成员会为了组织的长远目标而不遗余力地工作以不辜负领导的器重，而这一过程最终将会使组织学习与知识管理有所改善和提高。变革型领导通过影响组织学习的执行者，促进组织知识的更新。其自身所具备的创新意识以及改革精神使变革型领导对创新机遇、知识更新等有更加敏锐的嗅觉，更倾向于用新知识、新技术和新模式来武装组织，从而建立起不断更新的动态知识体系以适应发展的要求。变革型领导本身就是知识创新者，通过以身作则激发组织成员对知识的猎奇精神以及创新意识，鼓励组织成员培养新思维、采用新方法来解决问题，进而提升组织成员的知识创新能力。变革型领导在组织学习过程中能够有意识地用过滤的眼光感知新知识，对新知识取其精华，去其糟粕。而这种行为，正是避免恶习的核心。Vera 和 Crossan 等（2004）指出，变革型领导往往挑战现状型组织学习。陈维亚在变革型领导行为对创新能力的影响研究中指出，变革型领导能够鼓励组织成员用思辨的眼光看待新知识，提升组织成员的知识辨识能力，对新知识做到正确的取舍。因此，变革型领导以组织的使命愿景为导向，通过亲自参与知识创新的行为带动组织成员的整体创新，成为知识创新的核心因素。王凤彬（2011）认为变革型领导能够对新知识产生敏锐的嗅觉，激发组织探索新知识的动力和热情，并高度重视新引进知识与自身组织的匹配，有意识地回避有害的新知识，对组织动态知识体系的构建起到了先锋作用。综上所述，本研究提出假设：

H8——变革型领导行为对避免恶习具有显著的正向影响。

5. 变革型领导行为与组织创新文化的关系

变革型领导是组织文化的设计师和守护者，他们建立对组织创新发展有益的使命、价值观和信仰，并通过组织宣传和工作实践将创新文化渗透到组织"细胞"当中。Bass

（1993）认为变革型领导的领导风格是：倡导变革，以自身领导魅力赢取组织成员的信任与忠诚，通过愿景目标提升组织成员的工作热情，培养组织成员的创新意识而采取更高效的工作。Howell 和 Higgins（1990）进一步指出，变革型领导是组织的"创新支持角色"。Waldman 等（2001）指出变革型领导在进行组织创新期间，早期主要是以愿景（vision）、动机感召（motivation inspiration）、智力激发（intellectual stimulation）和个性化关怀（individualized consideration）引导组织成员积极参与创新过程，后期则主要是通过领导者个人魅力影响创新效果。变革型领导在某种意义上就是一种创新文化的领导，领导者在组织不同的发展阶段，结合环境与组织的发展，按照他们对未来创新改革的构想，对组织文化进行调整，从而达到组织创新的目标，同时组织创新文化也由此逐渐形成。Bollinger 和 Smith 等（2001）在知识管理的研究中指出，变革型领导致力于构建一种尊重知识，利于知识管理，勇于改革，以及培养组织创新的文化。Goh 和 Low（2013）也认为变革型领导在促进知识转移的过程中起着非常关键的作用，对知识转移所必需的创新文化和支持环境具有显著的影响。综上所述，本研究提出假设：

H9——变革型领导行为对组织创新文化具有显著的正向影响。

6. 变革型领导行为与扁平化组织结构的关系

随着信息化、全球化、智能化等不断、迅猛发展，组织外界环境的变化越来越复杂多样，变得更加难以预测，变革型领导为了组织面对这样的环境时能够快速做出反应和决策，会对组织结构做出相应的改革，这在扁平化组织结构的构建中意义重大。组织结构作为组织体系中的一个关键元素，指的是组织框架的构建模式，体现了组织对内部资源的配置方式，包括对组织内部人、财、物等方面资源和结构的合理安排。组织的最高层领导者，必然会在一定程度上对自身所处的组织结构造成影响，尤其是变革型领导，其在组织协调能力和面临迅速变化的环境时所表现出的应变能力方面会更加擅长，变革型领导必须具备在不确定的复杂环境中正确取舍和果断决策的魄力及能力。变革型领导更加注重组织结构的模式，打造扁平化的结构使组织信息流通得更加真实、便捷，从而达到整体组织高效运行的目的。Vera 和 Crossan（2004）指出变革型领导往往致力于精减组织结构，构建扁平化的组织结构，以达到促进组织上下级信息交流的效果，扁平化组织结构使部门之间以及组织上下层级之间沟通得更加顺畅。潘墨涛（2013）认为变革型领导更愿意给予组织成员更多的关注和权利，更加强调领导者与组织成员之间的距离，使得领导者与组织成员之间的分界线变得模糊，上下级距离逐渐变小，从而形成更为扁平化的组织结构。丁琳等（2010）以高新企业的领导与下属为研究对象，发现领导-下属关系在变革型领导和组织成员创新之间存在着显著的中介作用，领导-下属关系包含领导和下属之间层级的删减、上下级之间信息的有效沟通和交流等方面。综上所述，本研究提出假设：

H10——变革型领导行为对扁平化组织结构具有显著的正向影响。

7. 变革型领导行为与组织激励的关系

组织成员是领导行为中起决定性作用的要素特征，领导要实现组织的长远目标，就必须采取有效的激励方式，调动组织成员的工作积极性，充分发挥组织成员的潜能和优势，让组织成员感到自己与整个组织息息相关，并心甘情愿地为之奋斗。变革型领导通过建立组织愿景，自身体现出自信、正直、富有创造力，表达出对组织成员的器重、信任及关怀，来达到良好的激励目的。Bass 和 Avolio（1990）提出变革型领导行为具有四个维度，分别是理想影响力、鼓励性激励、智力激励和个人化考虑四个方面。其中鼓励性激励指的是充分给予组织成员挑战自我、发挥潜能的机会，而这些机会始终以组织的整体目标为核心。智力激励指的是变革型领导行为引导组织成员开拓新的思维领域、发表新的见解，鼓励组织成员探索新的工作方式去完成组织目标。梅红和宋晓平（2007）在领导行为与组织绩效的相关性研究中指出，变革型领导能够通过行政等权利手段和途径来促进组织成员成就感的获得，达到有利于组织绩效的激励效果。变革型领导鼓舞组织成员为组织目标共同努力，使组织成员明确组织的经营理念与战略目标，并且提供良好的机会和条件促进组织激励。据此，本研究提出假设：

H11——变革型领导行为对组织激励具有显著的正向影响。

8. 组织创新文化与组织激励的关系

组织激励能否达到效果，在很大程度上取决于这个组织的文化状态。很多组织将组织文化视为组织的灵魂，能够真正感染组织成员的组织创新文化才是组织所需要和期望的优势文化，良好的文化能够提高组织激励的有效性。在这种优势文化的带动下，组织成员更容易进入积极的工作状态；反之，组织成员的工作激情将会降低。组织文化对组织成员的心理和行为均会产生深远的影响，优质的组织文化能够增强组织的凝聚力，使组织成员团结向上，为共同的组织目标而努力，组织文化建设本身在一定程度上就是组织激励的一种形式。Kuczmarski（1996）提出，创新文化通过激励的方式，促使组织成员接受并认可创造奇迹这一信念，并指出激励探索是创新文化的核心内容之一。换句话

第 5 章 组织忘记关键影响因素实证研究

说，组织创新文化就是一种尽可能地激励组织成员去进行创新活动的文化。Chandler（2004）通过研究发现，组织上的支持与激励与组织创新文化有着密不可分的联系。组织创新文化的熏陶使组织成员的创新思想在组织充分支持和激励的条件下得到最大限度的发挥。Krell（2009）研究并指出，优质的组织创新文化对组织激励起到倍数的正面影响作用；反之，对组织激励的效果将会大打折扣。李垣和刘益（1999）从技术领域的层面指出，组织创新文化就是在最大程度上激励组织成员进行技术创新的文化。樊耘等（2011）指出激励性与公平性属于组织文化的两大关键特征。何丹等（2009）分别以诚信、团队、成就和创新为导向对组织文化进行划分，并指出这四类文化均会对组织成员的工作满意度以及情感承诺产生显著的影响，而且创新的影响尤为显著。作为组织特性的重要指标，组织文化更加强调培养与组织长期发展相吻合的理念，同时也更加注重组织能否在文化氛围的推动下达到更好的激励效果，从而使组织的使命和价值观得到有效渗透。综上所述，本研究提出假设：

H12——组织创新文化对组织激励具有显著的正向影响。

以上提出了本研究的 12 个研究假设，汇总见表 5-1。

表 5-1 本研究的研究假设

编号	假设内容
组织创新文化对组织忘记影响的假设	
H1	组织创新文化对忘记学习有显著的正向影响
H2	组织创新文化对避免恶习有显著的正向影响
扁平化组织结构对组织忘记影响的假设	
H3	扁平化组织结构对忘记学习有显著的正向影响
H4	扁平化组织结构对避免恶习有显著的正向影响
组织激励对组织忘记影响的假设	
H5	组织激励对忘记学习有显著的正向影响
H6	组织激励对避免恶习有显著的正向影响
变革型领导行为对组织忘记影响的假设	
H7	变革型领导行为对忘记学习有显著的正向影响
H8	变革型领导行为对避免恶习有显著的正向影响
变革型领导行为对组织创新文化影响的假设	
H9	变革型领导行为对组织创新文化具有显著的正向影响
变革型领导行为对扁平化组织结构影响的假设	
H10	变革型领导行为对扁平化组织结构具有显著的正向影响

(续)

编号	假设内容
变革型领导行为对组织激励影响的假设	
H11	变革型领导行为对组织激励具有显著的正向影响
组织创新文化对组织激励影响的假设	
H12	组织创新文化对组织激励有显著的正向影响

5.4 研究设计

在上一小节中，介绍了本研究构建的组织创新文化、变革型领导行为、扁平化组织结构、组织激励与组织忘记的概念模型，并提出本研究的12个假设；之后介绍本研究以实现了组织忘记的企业为调研对象，通过实证研究来检验假设的情况。本小节将对实证研究的过程进行详细设计，包括问卷设计、变量测度、数据收集、数据分析及结构方程模型的构建、假设与模型检验。由于本研究中所涉及的企业数据无法从企业的公开资料中获取，因此，本研究选择采取问卷调查的方式进行数据收集。

5.4.1 问卷设计

本研究所涉及的问卷是国家社科基金项目《新常态下组织忘记对企业战略转型的影响研究》的一部分。

调查问卷又称询问表或调查表，是以问题的方式系统地记录需要调查内容的一种印件。好的问卷需要具备两个功能，能将问题传达给被调查者及被调查者乐于回答。为实现这两个功能，本问卷设计遵循以下原则：

1）问卷设计要有清晰的目的。这个目的就是要通过该问卷去验证研究者提出的问题或者假设，在设计和编写问卷的时候，要时刻紧扣主旨。

2）问卷要有较强的逻辑性。问卷中各问题的排列要有一定的逻辑性，一般是先易后难、先具体后抽象，要使问卷题项能够自然而然形成一个科学的、完整的体系，同时符合被调查者的思维程序。

3）问卷语言简单易懂，能够使被调查者短时间内明白问卷的意思，符合被调查者的理解能力和认识能力；对比较抽象难懂的专业术语要加以说明，一个问题只能包含一个明确的概念界定，避免出现双重含义。问卷的语气要亲切。

4）问卷的长度不能太长。问卷页面太长，字数过多，会使被调查者产生厌烦情绪；同时题项也不能太多，太多也会影响被调查者的作答，即使完成了调查，也有一定风险，因此要尽量精简问卷，将一份问卷的完整作答时间控制在 10min 以内为妥。

5）问卷要尽可能地避免有倾向性的题项。问卷在设计的过程中不能带有倾向性，避免提问方式对被调查者形成诱导，应使被调查者能够根据自己的主观判断真实地填写问卷，确保研究者收集到真实、客观、有效的调查数据。

调查问卷是获得统计数据的常用方法之一，良好的问卷设计是保证数据的信度和效度的重要前提，在遵循以上问卷设计原则的基础上，根据 Anderson 和 Gerbing（1988）的建议，本研究按照以下流程对问卷进行科学的设计：

（1）文献研究　大量阅读有关变量的国内外权威文献，借鉴国内外学者的相关成熟量表，这些量表已经得到了学者们的普遍认同，具有良好的信度和效度。在此基础上，结合本研究对相关变量的概念界定，并根据新常态下我国企业的实际情况对问卷进行相应的设计修改，形成问卷的初稿。

（2）学术讨论　在形成初稿的基础上，与该领域的专家就量表的选择及题项的合理性进行探讨，对变量间的逻辑关系，测量题项的语法、措辞，以及问卷的编排等方面的问题进行调整，使问卷能够更加准确地表达本研究变量的真实内容，形成问卷的第二稿。

（3）企业访谈　为了避免问卷中存在晦涩难懂的专业术语以及脱离企业实际运营状况的测量题项而导致无法作答的情况，研究者与数家企业的管理人员进行商讨，根据他们的工作经验对问卷的题项进行相应删减和补充，并对语法表达做进一步的修改，形成问卷的第三稿。通过企业访谈，保证问卷内容通俗易懂，并能够反映企业真实的经营状况，同时也减少因被调查者无法理解问卷题项而带来的数据偏差。

正式问卷由三个部分的内容组成。第一部分为研究背景，简要说明本研究的目的及意义，并强调本问卷的数据只用于科学研究分析，没有任何商业用途，以避免被调查者因不愿作答某些问题而带来的负面影响；第二部分为企业基本情况，包括企业成立时间、企业人数、性质、所属领域以及企业近三年的年平均销售额；第三部分是问卷的主体部分，主要对本研究所涉及的变量进行测量。本研究选取 Likert 五级量表对问卷题项进行主观评分，其中"5"表示完全符合，"4"表示符合，"3"表示一般符合，"2"表示不符合，"1"表示非常不符合，被调查者根据企业的实际运行状况选择相应的数字作答。

5.4.2 变量测度

为了对本研究所提假设进行验证，需要科学测量涉及的相关变量，这是设计问卷的关键所在。为使研究结果的科学性和有效性得到保障，本研究所选变量的信度和效度均得到了国内外学术界的证实。下面将对本研究主要变量的测度进行说明，其中包括组织创新文化（自变量1）、扁平化组织结构（自变量2）、组织激励（自变量3）、变革型领导行为（自变量4）、忘记学习（因变量1）及避免恶习（因变量2）。

1. 组织创新文化的度量

创新这个概念由国外学者首创及展开研究，目前研究成果已较为丰富。随着我国近年来对创新文化的逐渐重视和引导，创新文化理论引起了国内学者的广泛关注。很多学者结合国外研究和我国企业的实际情况，设计出了与我国国情相契合的组织创新文化衡量量表，并在实证检验中获得成功。水常青和许庆瑞（2005）对组织创新文化的定义、内涵、特征和创新文化要素进行了系统评述，并提出了当前创新文化理论的不足及其研究方向。刘亚军（2010）在总结国内外创新文化研究的基础上，分别从六个方面来测量组织创新文化：管理特点、领导行为、员工管理、组织凝聚、战略目标和成功标准。贾晓敏（2016）参考组织文化模型测量结构，通过权力配置、组织导向、创新支持、创新价值、创新变革、重视客户、组织学习、目标、愿景来度量组织创新文化。胡赛全等（2014）通过借鉴Hurt（1977）度量组织创新文化的六个题项，设计出适合我国企业的创新文化量表。吕飞（2003）结合文献分析和企业实践，归纳出面向组织创新的创新文化构成要素，并对构成要素进行了分类和区分，设计出针对组织层面的创新文化测量量表。该量表被孟凡华（2006）、张玉明（2016）等学者多次引用，已较为成熟。鉴于它侧重于对组织层面的衡量，这与本研究的出发点相吻合，因此，本研究对于创新文化的测量主要采用该量表。本研究对其进行了必要的修改，修改后的组织创新文化量表详见表5-2。

表 5-2 组织创新文化量表

变 量	符 号	测 量 题 项
组织创新文化	IC1	企业追求持续进步
	IC2	企业遵守承诺，敢于承担责任
	IC3	企业全体员工拥有共同的目标和愿景
	IC4	企业热衷于长期利益
	IC5	企业鼓励员工在本岗位上尝试或试验工作的新思路、新观点、新方法

(续)

变量	符号	测量题项
组织创新文化	IC6	企业鼓励员工对现状进行挑战
	IC7	企业所有部门与市场保持密切联系
	IC8	企业公开自由的沟通渠道和信息共享
	IC9	企业能迅速制定和实施决策
	IC10	企业重视团队工作
	IC11	企业里每个成功的创新都能得到奖励,都会举办庆祝活动
	IC12	企业内每个员工都有创新指标,对于没有完成创新指标的员工会进行适当的惩罚批评

2. 扁平化组织结构的度量

目前关于扁平化组织结构测度的研究不多,多数学者是结合组织结构的测量维度和研究特点,设计出扁平化组织结构测量量表的。吴敏(2012)借鉴 Marsden 等(1994)的相关研究,将组织结构划分为组织结构集权(organizational centralization)、组织结构形式化(organizational structure formalization)和组织上下沟通反馈程度(degree of communication feedback)三个层面,以测量组织结构。李晓倩(2009)对我国企业扁平化组织结构模式的优点以及实施过程中出现的问题进行了研究分析,并指出扁平化结构的实施要结合企业的实际情况和特点。陈福亮(2011)在研究扁平式组织结构下的激励机制时,对组织结构的概念和特点进行了系统的梳理和论述。任超群和陈益丹(2007)总结出扁平化组织结构的特征,即外形扁平、注重组织间合作、分权充分、鼓励交流学习等,并认为扁平化组织结构并不适合所有的组织,组织能否合理地扁平化,取决于该组织是否具备完善的人力资源、较高的信息化程度、高效的管控机制等条件。刘群慧等(2009)在研究组织结构与时基绩效关系的实证研究中,选择组织层级数、规范化程度、部门化基础、决策点位置、内部和外部水平边界六个方面来测量扁平化组织结构。鲁媛源(2015)借鉴汪惠等(2011)对组织结构的量表和定义,将组织结构分为组织结构集权化、组织结构形式化和组织上下沟通反馈程度三个方面,并形成了自己的组织结构量表。鉴于本研究的定义和特点与鲁媛源的组织结构的研究相近,因此本研究重点采用鲁媛源(2015)在研究中所使用的量表,并根据本研究研究对象的特点以及专家等的意见进行了删减和修改。本研究的扁平化组织结构量表详见表5-3。

表 5-3 扁平化组织结构量表

变 量	符 号	测 量 题 项
扁平化组织结构	OS1	企业中高层管理者非常愿意下放权力
	OS2	无论何种情况，未经上级同意，下属为完成任务使用权变方法都是不被许可的
	OS3	员工可以方便地见到且与管理者沟通
	OS4	管理者制定的决策可以快速、准确地传达给员工且员工的工作结果可以快速地反馈给管理者
	OS5	员工与员工、管理者与管理者之间沟通得非常频繁

3. 组织激励的度量

关于激励的维度划分主要存在以下三种观点：Ryan 和 Deci（2000）基于行为视角，将激励划分为内在激励（intrinsic motivation）与外在激励（extrinsic motivation）；Goulet（1994）、李垣和刘益（1999）基于内容视角，将激励划分为物质激励（material motivation）和精神激励（mental motivation）；陈淑妮和陈贵壹（2010）将组织激励划分为工具型激励和情感型激励两个维度。量表方面，陈淑妮和陈贵壹（2010）在查阅和分析国内外组织激励相关文献的基础上，结合 Eisenberger 和 Adornetto（1986）的组织支持感量表（organizational commitment inventory，OCI）和 Spector（1985）的工作满意度调查量表（work satisfaction inventory，WSI），开发了基于工具型激励和情感型激励这两个维度组织激励量表，具有较高的信度。本研究对陈淑妮和陈贵壹的量表进行修改，作为组织激励的测量量表。本研究的组织激励量表详见表 5-4。

表 5-4 组织激励量表

变 量	符 号	测 量 题 项
组织激励	OM1	现在的企业中，努力工作者会得到良好的奖励
	OM2	所在企业的薪酬较同业的薪酬高
	OM3	企业会对出色的工作效益或绩效给予奖励
	OM4	企业能为员工提供良好的培训与发展机会
	OM5	在员工情绪低落时，时常得到上司的鼓励

4. 变革型领导行为的度量

对于变革型领导行为，国外学者 Bass 和 Avolio（1990）共同开发了变革型领导行为四维度量表（MLQ）：①领导魅力，即通过领导的良好行为（高尚的品德、细致的员工关怀以及承担风险等）得到组织成员由衷的尊重、信服甚至崇拜；②感召力，即给予组织成员充分发挥自身优势和潜能的工作机会，使组织成员知道自己的工作方向、整体组织的发展目标以及二者之间的重要联系，并通过积极乐观的态度感染组织；③智能激发，即领导启发组织成员进行思维创新、方法创新及工作创新；④个性化关怀，即领导认真聆听组织成员并提供帮助。凌文辁等（1987）在研究领导行为模式理论分析的过程中发掘出一个我国独有的维度——品德。李超平和时勘（2008）结合我国特色，开发了具有我国特色的变革型领导问卷（TLQ）。Yukl（1999）通过对现存的多种经典的变革型领导行为相关研究进行分析整合，开发出 TRC 变革型领导行为量表，该量表同样得到了国内学者王雪莉等（2013）的引用。本研究主要参考 Bass 和 Avolio（1990）的量表来测量变革型领导行为，该量表被 Waldman 等（2001）多位研究变革型领导的学者所引用，其信度得到有效验证。本研究依据自身特点对其进行了适当删减，所形成的变革型领导行为量表详见表 5-5。

表 5-5　变革型领导行为量表

变　量	符　号	测量题项
变革型领导行为	TL1	企业让他/她的高层团队成员感觉愉快
	TL2	企业为了企业（或集体）利益，不计较个人得失
	TL3	企业充满激情地谈论需要完成的任务
	TL4	企业给大家描绘鼓舞人心的未来
	TL5	企业给大家传递一种使命感

5．组织忘记的度量

本研究在综述基础上，结合自身的背景特点，从新旧知识层面将组织忘记相应地划分为忘记学习和避免恶习两个维度。旧知识指的是组织中过去所积累的组织政策、制度、信念、文化，以及管理模式等方面的知识；新知识指的是组织新掌握的知识、新引进的技术、新制定的规章制度及流程等与过去存在明显差异的新内容。关于组织忘记，Casillas 等（2010）从企业运营方式的改变、问题解决方式的改变、组织成员风险意识的改变、组织成员合作意识的改变四个方面对组织忘记进行测量。国内学者赵永德（2010）结合 Moorman 和 Miner（1998）提出的理论框架和研究基础，设计并验证了组织忘记的三维度模型量表，该量表涵盖了组织观念忘记（concept of unlearning）、组织惯例忘记（routine of unlearning）和组织实体忘记（entity of unlearning）三个层面。王向阳等（2011）关于组织忘记的测量量表中含有"组织敢于接受可能与过去管理知识相矛盾的新知识；组织愿意挖掘多种知识的获取渠道；组织成员的知识不断更新；组织有能力随着知识更新改变流程；组织会更新考核评价指标体系"五个题项。郭雯（2003）综合国内外组织忘记的现有研究成果，用新知识的接受能力、新客户的培养能力、新技术的引入、研发能力、流程更新能力、考核评价体系更新能力、操作规范程度、组织成员工作熟练程度等11个指标来衡量组织忘记。曾俊健（2010）从企业制度、运营模式、工艺流程、新技术和企业价值观等方面给出了组织忘记的量表。本研究根据以上学者的研究，结合专家、转型企业高层管理者的意见，重点借鉴曾俊健（2012）和李青霞（2011）对组织忘记的忘记学习和避免恶习两个维度的测量量表，形成本研究的组织忘记量表，详见表5-6。

表 5-6 组织忘记量表

变量	符号	测量题项
忘记学习	FL1	企业高层管理者经常举行讨论会，调整企业管理模式
	FL2	企业经常检查工作流程，剔除不合理的流程
	FL3	企业在工作经验总结会上，经常会批评过时的工作方式
	FL4	企业对失去价值的知识进行阶段性的处理和销毁
	FL5	企业鼓励员工相互监督，提醒他们不要陷入以前的错误的工作方法中
避免恶习	AL1	企业会根据自身发展需要，制订有效的培训和学习计划
	AL2	企业会根据自身的发展需要，引进与企业相适应的管理工具，制定新的管理流程
	AL3	企业经常就各个专业之间新技术的应用进行技术交流
	AL4	企业鼓励员工讨论工作方法的缺点与不足，寻找更好的方法
	AL5	企业对于新技术通常是加以学习、消化后才予以应用的

5.4.3 数据收集

1. 调研对象的确定

本研究的调查对象为"新常态"下我国已经和正在实施战略转型的企业。为了使研究结果具有普遍意义，本研究将针对全国范围内的企业展开调查。考虑到组织忘记的复杂过程，以及其对战略转型的影响可能存在滞后性，因此本研究将新创企业排除在调查范围之外，选取经营年限在三年以上的企业作为调查对象。

此外，本次调查问卷涉及企业的动态能力、战略转型等方面的情况。为了使调查的结果更加真实、可靠，本研究要求被调查者对企业运作的整体状况有比较全面的了解，因此本研究将被调查者设定为企业的中高层管理者、部门经理、主管等。

2. 问卷的发放与收集

本研究问卷的正式发放主要采用电子问卷和纸质问卷两种发放方式，通过以下三种渠道发放：第一种渠道利用学校 MBA（工商管理硕士）、EMBA（高级管理人员工商管理硕士）课堂发放。MBA、EMBA 班的学员，尤其是 EMBA 班的学员，大多是在企业工作多年的中高层管理人员和技术人员，对企业的整体运营情况有比较深入的了解，能够较好地完成问卷的填写工作。在授课老师及班长的协助下，在上课期间发放问卷，并于次日由班长收回。通过这种方式发放问卷 120 份，回收 85 份，剔除 25 份无效问卷，得到有效问卷 60 份。剔除无效问卷须遵循两个原则：一是填满率小于 90%；二是一份问卷样本的回答有超过 70%的相同选项结果。第二种渠道是利用国内某领袖学校的培训客户群，从中选出各地分校的客户发放问卷，该学校的目标客户大多为在企业工作多年的中高层管理人员，他们对企业的运营情况相对熟悉，能够较好地完成问卷的填写工作。通过这种方式共发放问卷 150 份，回收 102 份，剔除 14 份无效问卷，得到有效问卷 88 份。第三种渠道是利用本研究项目组成员的社会网络，直接与企业取得联系，共发放问卷 220 份，回收 176 份，剔除 28 份无效问卷，获得有效问卷 148 份。

综上所述，本研究共发放问卷 490 份，回收问卷 363 份，回收率 74.08%；回收有效问卷 296 份，有效回收率 60.41%。可见，问卷的收回情况良好，有效样本数量已满足要求，可以进行统计分析。

5.4.4 数据分析

1. 描述性统计分析

样本特征的分析结果见表 5-7。从企业年龄（成立年限）来看，70%以上企业的年龄在五年以上，这些企业比成立年限在五年以下的企业在发展过程中会积累更多的惯例知识等。从企业性质来看，民营企业和国有企业居多。从企业所处的行业来看，信息传输、计算机服务和软件，制造业，金融业相对较多。这些调查样本基本能够满足研究分析的需要。

表 5-7 样本特征的分析结果（N =296）

企业属性	类 别	样本数	百分比（%）
企业年龄	3～5 年	76	25.68
	5～10 年	97	32.77
	10 年以上	123	41.55

(续)

企业属性	类别	样本数	百分比（%）
企业员工数	100人以下	102	34.69
	100~500人	60	20.41
	501~1000人	40	13.27
	1000人以上	94	31.63
企业近三年销售额	500万以下	36	12.24
	500万~1000万	51	17.35
	1001万~1亿	64	21.43
	1亿以上	145	48.98
企业性质	国有企业	142	47.96
	民营企业	121	40.82
	三资企业	33	11.22
企业所处行业	制造业	51	17.35
	交通运输、邮政	28	9.18
	金融业	40	13.27
	建筑业	18	6.12
	贸易业	24	8.16
	信息传输、计算机服务和软件	72	24.49
	房地产	24	8.16
	批发和零售	18	6.12
	其他行业	21	7.14

2. 信度与效度分析

（1）信度分析　信度指的是测量结果的稳定性和一致性。稳定性指的是相同的测试者在不同的时间、地点、情境下以相同的测试工具进行测量，如果测量结果没有显著差异，则说明测量的稳定性较好。因此，在分析实证问卷之前，要检验问卷的稳定性。而在实证的问卷中，测量的题项往往会因为语意的问题，分类模糊、尺度标示的问题，造成调查对象依个人的理解而填写，这就形成问卷因调查对象而不一致的现象。因此，在分析实证问卷之前，也要检验问卷的一致性。综上所述，信度分析是实证分析中非常重要的一个环节，任何测量的观察值都包含实际值和误差值两部分，信度越高，则误差值越低。信度的测量方法，主要有四种，即重测信度法、折半信度法、复本信度法还有 α 信度系数法。重测信度法指的是间隔一段时间后，让相同的调查对象再次填写相同的一份问卷，这种信度测量法比较适合事实类的问卷。折半信度法指的是将调查问卷一分为二，通过考察两部分题项的得分来判断问卷的信度。复本信度法指的是让调查对象一次性填写两份一模一样的问卷，通过分析两份问卷的填写结果的相关性来考察问卷的信度。α信度系数法是由Cronbach提出的，它是基于内部一致性的一种测量问卷信度的方法。一般来说，Cronbach's α值介于0到1，越靠近1表示量表的信度越好，Cronbach's α值大于0.7，则说明信度较高，无须对量表进行修改。Cronbach's α值介于0.35到0.7，则说明问卷需要修改，Cronbach's α值小于0.35则说明量表选择得不合适或者是设计存在问题。

本研究运用SPSS 22.0对各个变量的度量题项进行信度检验。表5-8为各因子的度量题项得分的均值、标准差、CITC（correcteditem total correlation）及Cronbach's α，从表中可以看出，IC11、IC12、OS1、OS2、OM2、TL5的CITC值均小于0.5，因此，将上述题项剔除，再对剩余题项重新进行信度检验。此次其余题项的CITC值均大于0.5，且Cronbach's α值均大于0.7，符合要求，这表明问卷信度良好。

表5-8 各因子的度量题项相关指标

因子	题项	均值	标准差	CITC	Cronbach's α
组织创新文化	IC1	3.69	1.38	0.623	0.899
	IC2	3.69	1.29	0.689	
	IC3	3.54	1.34	0.663	
	IC4	3.68	1.38	0.681	
	IC5	3.60	1.31	0.637	
	IC6	3.60	1.28	0.683	
	IC7	3.54	1.27	0.594	
	IC8	3.48	1.33	0.613	
	IC9	3.45	1.30	0.626	
	IC10	3.60	1.37	0.677	
	IC11	3.36	1.32	0.416（剔除）	
	IC12	3.27	1.32	0.389（剔除）	
扁平化组织结构	OS1	3.32	1.27	0.467（剔除）	0.762
	OS2	3.27	1.27	0.475（剔除）	
	OS3	3.53	1.31	0.593	
	OS4	3.51	1.29	0.611	
	OS5	3.44	1.27	0.573	

(续)

因　子	题项	均值	标准差	CITC	Cronbach's α
组织激励	OM1	3.57	1.30	0.545	0.758
	OM2	3.37	1.23	0.455（剔除）	
	OM3	3.46	1.27	0.513	
	OM4	3.42	1.28	0.571	
	OM5	3.38	1.25	0.540	
变革型领导行为	TL1	3.49	1.32	0.511	0.777
	TL2	3.50	1.25	0.582	
	TL3	3.41	1.32	0.623	
	TL4	3.53	1.30	0.607	
	TL5	3.32	1.25	0.436（剔除）	
忘记学习	FL1	3.48	1.31	0.669	0.827
	FL2	3.46	1.27	0.765	
	FL3	3.35	1.25	0.670	
	FL4	3.35	1.31	0.680	
	FL5	3.45	1.30	0.635	
避免恶习	AL1	3.96	0.66	0.710	0.843
	AL2	3.98	0.67	0.651	
	AL3	3.97	0.69	0.546	
	AL4	3.94	0.68	0.713	
	AL5	3.96	0.65	0.558	

（2）效度分析　效度指的是调查中所采用的调查工具或量表是否能够准确测量出研究者想要测量的问题，效度反映的是收集的数据与所要研究的问题的匹配程度，而效度分析也可判断变量设计的合理程度，因此，效度也称为有效性和可靠性。一般来说可以从三个方面检验问卷效度，即内容效度、效标关联效度和建构效度。内容效度指的是问卷或者量表能否覆盖研究者想要测量的构念的所有层面。效标关联效度，也称为实用效度，通常可分为同时效度和预测效度，涉及对某一构念的重复测量。同时效度指的是测量工具对于特殊现象的有效性；预测效度指的是测量工具的预测能力。建构效度有时也称为构念效度或者结构效度，在检验建构效度时，要考察周延性和排他性，统计学上的处理就是检验量表的收敛度和区分度，通常用验证性因子分析来检验。由于本研究的量表都是借鉴国内外学者的成果，问卷也经过多次分析和处理，实践证明它们具有很好的效度，因此本研究采用探索性因子分析检验效度。首先，用 KMO 的度量和 Bartlett 球形

第5章 组织忘记关键影响因素实证研究

检验。KMO 的度量参考 Kaiser 给出的标准（0.9 表示非常适合，0.8 表示适合，0.7 表示一般，0.6 表示不太适合，0.5 以下表示极不适合），一般认为 KMO 值大于 0.7，就适合做因子分析。Barlett 球形检验的显著性水平小于 0.05，说明样本数据间可以通过抽取因子来简化数据结构，同时也表明适合做因子分析。其次，本研究对 KMO 值大于 0.7 且 Bartlett 球形检验具有显著性水平的变量，运用主成分分析法和最大方差法，按照特征值大于 1 的要求提取公因子，要求各题项的因子载荷不得小于 0.5。

在一般研究中，常采用结构方程模型来检验收敛效度和区分效度。Fornell 和 Larcker 在 1981 年提出通过计算平均方差抽取量（average variance extracted，AVE）来估计收敛效度和区分效度。AVE 是衡量收敛效度的重要指标。AVE 值越大，测量指标越能代表潜变量。一般认为，AVE 值不能低于 0.5，否则难以保证量表的收敛效度。在 AVE 的基础上，进一步观测潜变量与其他变量的相关系数：如果 AVE 值大于潜变量之间的相关系数的平方，就可以证明该潜变量的测量是可以与其他量表相区分的；否则，则证明该量表区分效度很低。

本研究使用 AMOS 22.0 进行验证性因子分析，并据此计算出量表的 AVE，以此对量表的收敛效度和区分效度进行检验，分析结果见表 5-9。从表中数据可以看出，所有变量量表的 AVE 值均大于 0.5，表现出了良好的收敛效度。另外，各量表 AVE 值均大于各自与其他变量相关系数的平方，这证明各量表均具有良好的区分效度。同时，在验证性因子分析中，模型的拟合指标均满足要求：卡方值=612.020；自由度=339；TLI=0.908；CFI=0.915；RMSEA=0.058。

表 5-9 量表的收敛效度和区分效度分析结果

变量	题项	因子载荷	AVE	与其他变量相关系数最大值平方
组织创新文化	IC1	0.698	0.564	0.333
	IC2	0.726		
	IC3	0.700		
	IC4	0.682		
	IC5	0.703		
	IC6	0.666		
	IC7	0.667		
	IC8	0.608		
	IC9	0.629		
	IC10	0.720		

（续）

变量	题项	因子载荷	AVE	与其他变量相关系数最大值平方
扁平化组织结构	OS3	0.785	0.611	0.341
	OS4	0.769		
	OS5	0.791		
组织激励	OM1	0.675	0.519	0.299
	OM3	0.761		
	OM4	0.740		
	OM5	0.703		
变革型领导行为	TL1	0.713	0.663	0.313
	TL2	0.720		
	TL3	0.746		
	TL4	0.791		
忘记学习	FL1	0.729	0.526	0.340
	FL2	0.767		
	FL3	0.673		
	FL4	0.709		
	FL5	0.744		
避免恶习	AL1	0.771	0.624	0.340
	AL2	0.828		
	AL3	0.770		
	AL4	0.695		
	AL5	0.716		

3. 相关分析

相关分析衡量的是两变量之间的密切程度，是进行回归分析的前提条件。因此，在进行回归分析之前，本研究对模型中的两两变量进行相关分析，并对各变量的均值和标准差进行了描述性分析，分析结果见表 5-10。从表 5-10 中可以看出：组织创新文化（$r=0.577$，$p<0.01$；$r=0.569$，$p<0.01$）与忘记学习和避免恶习正向相关；扁平化组织结构（$r=0.484$，$p<0.01$；$r=0.384$，$p<0.01$）与忘记学习和避免恶习正向相关；组织激励（$r=0.543$，$p<0.01$；$r=0.539$，$p<0.01$）与忘记学习和避免恶习正向相关；变革型领导行为（$r=0.567$，$p<0.01$；$r=0.550$，$p<0.01$）与忘记学习和避免恶习正向相关。可见，本研究的假设得到了初步验证。

表 5-10 变量相关分析结果

自变量	组织创新文化	扁平化组织结构	组织激励	变革型领导行为	忘记学习	避免恶习
组织创新文化	1					
扁平化组织结构	0.458**	1				
组织激励	0.547**	0.436**	1			
变革型领导行为	0.567**	0.459**	0.544**	1		
忘记学习	0.577**	0.484**	0.543**	0.567**	1	
避免恶习	0.569**	0.384**	0.539**	0.550**	0.583**	1
均值	3.472	3.403	3.369	3.435	3.412	3.598
标准差	0.922	1.051	0.944	0.974	0.729	0.727

注：$n=296$；**表示在 0.01 的显著性水平下相关。

5.4.5 结构方程模型的构建

结构方程模型（SEM）是当今行为及社会领域量化研究的重要统计方法。SEM 集"因素分析"与"线性模型的回归分析"的统计方法于一身，可以用于对各种因果模型的模型辨别、估计以及验证。而今 SEM 迅速发展，为统计方法开辟了新的道路，并在多元数据分析领域占主导地位，其应用范围涉及多个社会科学领域。

基于前期研究的模型、假设以及各变量的度量项目，用不同的符号表示模型外源、内源变量见表 5-11、表 5-12，结构方程模型如图 5-2 所示。

表 5-11 模型外源变量的设定

外源潜变量名称	外源潜变量表示	外源观测变量表示
变革型领导行为	ξ_1	TL1
		TL2
		TL3
		TL4

表 5-12 模型内源变量的设定

内源潜变量名称	内源潜变量表示	外源观测变量表示
组织创新文化	η_1	IC1
		IC2
		IC3
		IC4
		IC5
		IC6
		IC7

（续）

内源潜变量名称	内源潜变量表示	外源观测变量表示
组织创新文化	η_1	IC8
		IC9
		IC10
组织激励	η_2	OM1
		OM3
		OM4
		OM5
扁平化组织结构	η_3	OS3
		OS4
		OS5
忘记学习	η_4	FL1
		FL2
		FL3
		FL4
		FL5
避免恶习	η_5	AL1
		AL2
		AL3

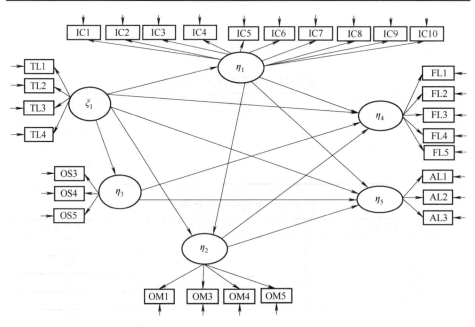

图 5-2 结构方程模型设定

5.4.6 假设与模型检验

1. 结构方程模型的检验

通过 AMOS 22.0 统计分析，模型中各变量之间的关系、标准化路径系数、CR 值以及 P 值如图 5-3 和表 5-13 所示。其中，CR>1.96 说明此估计的路径系数在 0.05 水平上显著，P<0.10 说明变量之间的相关性显著。

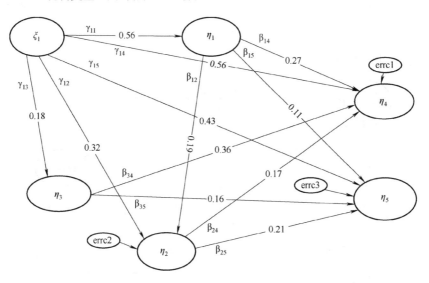

图 5-3 结构方程模型图

表 5-13 结构方程模型标准化路径系数、CR 值以及 P 值

假设	路径	关系	标准化路径系数	CR	P 值
H1	β_{14}	$\eta_1 \rightarrow \eta_4$	0.267	3.789	0.000
H2	β_{15}	$\eta_1 \rightarrow \eta_5$	0.106	1.432	0.002
H3	β_{34}	$\eta_3 \rightarrow \eta_4$	0.364	2.292	0.000
H4	β_{35}	$\eta_3 \rightarrow \eta_5$	0.164	1.998	0.001
H5	β_{24}	$\eta_2 \rightarrow \eta_4$	0.173	2.237	0.033
H6	β_{25}	$\eta_2 \rightarrow \eta_5$	0.206	3.486	0.000
H7	γ_{14}	$\xi_1 \rightarrow \eta_4$	0.565	6.875	0.002
H8	γ_{15}	$\xi_1 \rightarrow \eta_5$	0.433	7.716	0.001
H9	γ_{11}	$\xi_1 \rightarrow \eta_1$	0.561	8.136	0.000
H10	γ_{13}	$\xi_1 \rightarrow \eta_3$	0.181	2.745	0.000
H11	γ_{12}	$\xi_1 \rightarrow \eta_2$	0.315	4.296	0.000
H12	β_{12}	$\eta_1 \rightarrow \eta_2$	0.187	2.446	0.000

2. 模型修正

由表 5-13 可知，本研究所提的 12 个假设（H1、H2、H3、H4、H5、H6、H7、H8、H9、H10、H11、H12）中，除 H2 没有达到显著水平外，其余假设均达到显著水平，即组织创新文化和避免恶习的影响路径不显著。

综上所述，模型中只有 β_{15} 影响效果不显著，进一步做模型修正，删除不显著的路径，运用 AMOS 22.0 再次对修正后模型进行测试，路径系数中除 β_{12} 变为 0.38、β_{14} 变为 0.33 之外，其余路径系数维持不变，修正后模型如图 5-4 所示。修正后模型的拟合指标测量结果见表 5-14，TLI、CFI、RMSEA 等各项拟合指标均满足要求。

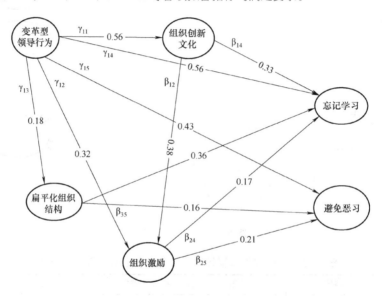

图 5-4　修正后的模型

表 5-14　修正后模型的拟合指标测量结果

χ^2	df	χ^2/df	TLI	CFI	RMSEA
641.05	365	1.756	0.914	0.928	0.050

5.5　结果讨论

5.5.1　假设检验结果

表 5-15 表明了所提出假设的检验情况，给出了假设的路径系数和显著性，以及该假

设被支持还是被拒绝的最后结论。

表 5-15 模型假设检验结果表

假设	路径	关系	标准化路径系数	P值	结论
H1	β_{14}	$\eta_1 \to \eta_4$	0.332	0.000	支持
H2	β_{15}	$\eta_1 \to \eta_5$	0.106	0.002	不支持
H3	β_{34}	$\eta_3 \to \eta_4$	0.364	0.000	支持
H4	β_{35}	$\eta_3 \to \eta_5$	0.160	0.001	支持
H5	β_{24}	$\eta_2 \to \eta_4$	0.173	0.033	支持
H6	β_{25}	$\eta_2 \to \eta_5$	0.206	0.000	支持
H7	γ_{14}	$\xi_1 \to \eta_4$	0.565	0.002	支持
H8	γ_{15}	$\xi_1 \to \eta_5$	0.433	0.001	支持
H9	γ_{11}	$\xi_1 \to \eta_1$	0.561	0.000	支持
H10	γ_{13}	$\xi_1 \to \eta_3$	0.181	0.000	支持
H11	γ_{12}	$\xi_1 \to \eta_2$	0.315	0.000	支持
H12	β_{12}	$\eta_1 \to \eta_2$	0.382	0.000	支持

注：$P<0.10$ 说明假设所描述的变量之间的关系在90%的置信度上显著。

5.5.2 假设检验结果讨论

1. 组织忘记影响因素

从假设 H1 至 H8 的验证情况可知，只有 H2 没有得到验证，其余七个假设基本达到预期效果，即组织创新文化、扁平化组织结构、组织激励和变革型领导行为对组织忘记具有比较显著的影响。H2 假设不被支持，即组织创新文化和避免恶习没有表现出正向影响。原因可能是当前国内的很多企业，尤其是国有企业和中小型企业，虽然在"新常态"的转型背景下培养了创新文化，但对外来新知识、新技术的辨识能力依然不高，创新文化的形成可能导致企业盲目复制、盲目学习、盲目吸收新的知识，企业创新文化的现状远未达到理想的状况，企业对新知识的敏锐的甄别能力也有待提高，这可能影响了假设 H2 中关系的显著性。

本研究证实组织创新文化、扁平化组织结构、组织激励和变革型领导行为是影响组织忘记的关键因素。其中变革型领导行为对于组织忘记的影响最大，与忘记学习和避免恶习的路径系数分别为 0.56 和 0.43，并且可以通过扁平化组织结构、组织激励和组织创新文化而间接影响组织忘记。这表明企业通过变革型领导行为可以对过时的知识进行忘记学习,同时也可以防止新的误导性及有害性学习内容进入组织。组织创新文化对忘记学习的直接路径系数为 0.33,组织创新文化是一个企业健康持续发展的灵魂和动力,对前沿知识的捕获以及对过时知识的舍弃都至关重要。组织创新文化对避免恶习的正向影响在本研究中没有得到证实。不过,组织创新文化通过组织激励间接地对组织忘记的两个维度分别产生了影响。扁平化组织结构与忘记学习和避免恶习的路径系数分别为 0.36 和 0.16。扁平化组织结构减少了内部知识流动的障碍,为组织知识的更新换代提供了良好的条件。组织激励对忘记学习和避免恶习的直接路径系数分别为 0.17 和 0.21。以上的验证内容与 Becker 等(2010)学者的研究成果相符合,他们的研究也证实了组织创新文化、扁平化组织结构、组织激励和变革型领导行为对组织忘记具有显著的影响。因此,本研究一方面对过去的研究进行了验证,另一方面也从实证研究的角度对组织忘记的关键影响因素进行了研究。

2. 因素之间的相互关系

在组织忘记关键影响因素之间的关系方面,本研究提出了 H9 到 H12 共四个假设。其中假设 H9、H10 和 H11 是关于变革型领导行为与组织创新文化、扁平化组织结构和组织激励之间的关系,假设 H12 是组织创新文化与组织激励之间的关系。本研究提出的这四个假设全部得到了验证,即变革型领导行为对组织创新文化、扁平化组织结构和组织激励均有显著的正向影响,组织创新文化对组织激励有显著的正向影响。这些研究结论与孙建国(2006)、Vera 和 Crossan(2004)的研究结论相吻合。

组织忘记关键影响因素的实证研究结果表明,组织创新文化、扁平化组织结构和组织激励在作为组织忘记的关键影响因素的同时,也受到变革型领导行为的影响。一个组织文化的建立、结构的选择与调整、制度的实施与完善,这一系列的组织活动都与组织的领导息息相关。一个组织的领导对所在组织的组织创新文化具有关键性影响。领导的品质、精神以及言行举止都在无形中塑造组织的文化。变革型领导能够对组织文化的创新变革产生能动作用,通过自身魅力、行为和思想的感染灌输,以及运用各方面资源,塑造与环境和组织发展的动态情形相吻合的创新文化。变革型领导为了实现所在组织的发展目标,必须通过有效的激励措施提升组织成员的工作激情,发挥他们的主观能动性,使组织成员有强烈的融入感和归属感。此外,由变革型领导塑造的组织创新文化非常注重组织激励的落实与完善,受到领导行为和组织文化熏陶的员工充满工作激情且自身的创新意识也得到提升。变革型领导鼓励组织成员的创新意识,使下属的新想法、新技术等更频繁地与上级交流，打破组织层级带来的壁垒，从而建立起扁平化组织结构。因此，提高组织忘记能力，可以从变革型领导行为、组织创新文化等几个主要方面开展。

5.6 本章小结

本研究在整理分析国内外学者对于组织忘记的相关研究的前提下，结合企业访谈和调研，对组织忘记的影响因素进行归类汇总，提取了转型背景下组织忘记的四个关键影响因素：组织创新文化、扁平化组织结构、组织激励和变革型领导行为。本研究首先提出了组织忘记关键影响因素概念模型以及相应的关系假设；其次，结合相关理论综述，对转型背景下组织忘记关键影响因素调查问卷进行了设计与编制，以我国中高层企业管理人员为调查对象，发放并回收了 296 份有效问卷；最后，结合 SPSS 22.0 与 AMOS 22.0 对问卷数据进行了信度分析、效度分析、相关分析以及结构方程模型的检验与修正。本研究经过系统的实证得出相应结论：组织创新文化只对忘记学习这个维度有显著的正向影响；变革型领导行为、组织激励和扁平化组织结构对忘记学习和避免恶习均有显著的正向影响；变革型领导行为对组织创新文化、组织激励和扁平化组织结构有显著的正向影响；组织创新文化对组织激励有显著的正向影响。

第 6 章
组织忘记对企业战略转型影响的实证研究

由第 2 章中对企业战略转型的相关研究综述可以看出,有关企业战略转型内在机理的实证研究较少,大多停留在组织行为分析层面,无法从理论层面对企业战略转型行为进行深层次的解释。动态能力被看作是应对变革的一种组织过程或战略惯例,其本质是一种变革导向型能力(Eisenhardt et al., 2000),十分适用于研究组织的变革(Lawson et al., 2000)。因此,本研究将动态能力纳入组织忘记和战略转型的研究框架之中,并探讨环境动态性的调节作用,通过大样本的问卷调查对三者之间的关系和影响机理进行实证研究。

6.1 动态能力理论综述

企业在激烈的市场竞争中越来越不可缺少能力。能力已经成为企业的一种自然属性,吸引了学者们的注意。"企业能力"受到越来越多学者的认可,基于能力的企业战略研究如雨后春笋。企业能力研究有四种最著名的观点。第一种观点是企业资源基础观(the resource-based view of the firm)。Barney(1986)指出,以有价值、稀缺、不可模仿和不可替代为四要素的资源是构建企业可持续竞争能力的重要保证。第二种观点是企业核心能力观(the core competence of the corporation)。Prahalad 和 Hamel(1990)认为,核心能力非常重要,核心能力是各种技术、各种知识的有机结合,并且能够长久存在、不容易被模仿,它有助于实现消费者的价值。企业是核心能力构成的集合体。核心能力强调企业应该基于自身的优势整合并强化自己的各项业务(Hall, 1992)。第三种观点是企业知识基础观(knowledge of the firm)。Kogut 和 Zander(1992)认为,企业的知识是在一个社会情景中产生的,是隐形的,并且很难在其他企业的情景中被使用,因此企业的知识也是企业的一种独特能力。第四种观点也是较晚出现的观点,是企业动态能力观。动态能力不同于传统的企业能力,传统的企业能力注重研究某一时间点企业的状况,而动态能力研究企业的纵向持续能力。Barton(1992)在研究核心能力后,发现核心能力会引发企业陷入"刚性困境",而动态能力的理念打破了刚性困境。动态能力是一种动态的、改变的能力,是一种企业在存续经营中必须具备的能力。作为战略管理的分支,动态能力出现于20世纪90年代,并逐步引起了国内外许多学者的注意。

6.1.1 动态能力的定义和内涵

Teece 等于 1994 年首次提出动态能力,他们认为动态能力是企业面对快速、复杂变化的环境时能够适宜地调整、重构、整合企业内外部的技能、资源等的能力。经过 20 多年的发展,虽然学术界对于动态能力的内涵尚存争议,但是关于其定义,学者们都认可动态能力是企业面对快速变化的环境时,整合并重构企业内外部资源的能力(耿新 等,2010)。Teece 等(1997)再一次对动态能力进行研究,发现:很多企业经常聚焦某一领域,并且在此领域积累沉淀了非常多的技术资源,但是当环境变化时,虽然企业拥有让人羡慕的资源,却不能够根据环境的变化,快速重新整合使用这些资源。比如,在照相机领域拥有非常多的技术积累的老牌公司,在数码技术迅速兴起的时候,反而落伍了。尽管它们拥有很好的技术基础,但不能够很好地根据环境的变化,重新整合并构建其新资源。面对很多企业发生的这种现象,Teece 等再一次重申动态能力是"动态"的。Teece 等完善了动态能力的定义,指出动态能力是"企业整合、构建和重构企业内外部资源以应对快速变化的环境的能力",并且同时提出"3P"模型,基于流程(processes)、位势(positions)、路径(paths),企业的流程中蕴含着动态能力的核心,而这些流程的塑造来自企业的资产、位势和演化路径。刘井建(2011)进一步指出,企业的动态能力是企业内生的、依赖环境变化的能力。这种能力是企业基于所拥有的资源,如企业的资产和管理惯例等,改变企业处境、捕获机会的能力。

6.1.2 动态能力的维度和测量

关于动态能力的维度划分,本研究仔细梳理了国内外近30年的文献(国外见表6-1,国内见表6-2)。通过以下两张表格,可以清楚地了解动态能力的维度划分在这30年来的变化,国内外关于动态能力的维度划分始终紧紧围绕着 Teece 关于动态能力的定义,即动态能力是企业整合重构资源的过程。本研究认可金昕和陈松等(2015)的研究,将动态能力划分为对资源或知识进行感知的能力、感知到资源或知识后的转化能力两个维度。

表 6-1　近 30 年国外学者关于动态能力的维度划分

研究者	时间	构成要素
Teece 和 Pisano	1994 年	协调、整合，学习，重构、转型
Teece 等	1997 年	
Heeley	1997 年	外部知识获取，内部知识消化，技术能力
Eisenhardt 和 Martin	2000 年	整合，重构，获取，释放
Kathleen	2000 年	整合，重构，获取、利用能力
Luo	2000 年	获取能力，配置能力，改良能力
Ya	2000 年	获得，部署，提升
Lawson 和 Samson	2001 年	战略愿景，能力基础，情报体系，企业文化，组织结构，创意管理，技术管理
Zahra 和 George	2002 年	获取，消化，转化，利用
Verona 和 Ravasi	2003 年	整合，重构，创造，吸收
Daniel 和 Wilson	2003 年	业务创新能力，活动集成能力
Pavlou	2004 年	协调能力，吸收能力，集体意识，市场导向
Caloghirou	2004 年	协同，学习，变更
Wilkens 和 Pawlosky	2004 年	资金能力，质量竞争能力，研发能力，降低成本的能力，创新能力
Pavlou 等	2005 年	资源重置，感知，学习，协同，整合
Protogerou	2005 年	协调能力，学习能力，转置能力
Branzei 和 Vertinsky	2006 年	吸收，消化，转化，配置
Marsh 和 Stock	2006 年	产品开发能力
Wang 和 Ahmed	2007 年	适应能力，吸纳能力，创新能力
Teece	2007 年	感知能力，把握能力，重构能力
Tushman 等	2008 年	机会感知能力，机会利用和重构能力
Gooderham 等	2008 年	人力资本以及内部开发、结盟能力
Danneels	2008 年	营销能力，研发能力
Prieto	2008 年	知识生成，知识集成，知识重构
Ambrosini 等	2009 年	增强能力，更新能力，再造能力
Prieto 等	2009 年	知识创造，整合，重构
Liao 等	2009 年	机会感知能力，利用和整合能力
Davidsson 和 Mckelvie	2009 年	创意，破坏市场，开发新产品与新流程的能力
Macher 和 Mowery	2009 年	开发与引入新流程或技术的能力
Wu	2010 年	整合，学习，重构

（续）

研究者	时间	构成要素
Ramachandran	2011年	感知与反应能力，执行能力
Protogerou等	2012年	协调，学习和战略竞争性反应
Li和Liu	2014年	战略感知能力，及时决策能力，变革执行能力
Wilhelm等	2015年	感知能力，学习能力，重新配置能力
Wang等	2015年	吸收能力，转化能力，利用能力
Helfat和Raubitsche	2018年	创新能力，环境扫描与感知能力，整合能力
Mudalige等	2019年	感知与整合能力，学习能力，重构与转化能力
Zhou等	2019年	感知能力，整合能力，重新配置能力
Singh等	2019年	感知能力，学习能力，整合能力，重新配置能力
Ilmudeen等	2020年	感知能力，协调能力，学习与整合能力，重新配置能力

表6-2　近30年国内学者关于动态能力的维度划分

研究者	时间	构成要素
项保华	2003年	敏锐感知，快速响应力
李正卫、潘文安	2005年	技术识别能力，市场分辨能力，资源配置能力
王文超、黄江圳	2006年	企业价值观，个人动态能力，个人静态能力，企业动态能力，企业静态能力
李兴旺	2006年	环境察觉能力，价值链整合能力，资源部署能力
贺小刚	2006年	市场潜力，柔性，组织学习，战略隔绝，组织变革
Wu（台湾）	2007年	整合能力，重构能力，学习能力，变化反应力
郑刚、颜宏亮	2007年	企业文化，经营管理过程，资产和技术，演化路径
王著娜、徐大佑	2007年	创新能力，学习能力，吸纳能力，整合能力
焦豪、魏江	2008年	感知能力，变更能力，技术柔性，组织柔性
王铁骊、高阳	2008年	市场洞察能力，知识吸收能力，资源重构能力
祝志明、杨乃定	2008年	自适应能力，吸收能力，重置能力
钟国梁	2008年	新旧知识的整合能力，内外部的整合能力，吸收和变换能力
曹红军、赵剑波	2009年	动态信息利用力，动态资源占有力，动态内部调整力，动态外部协调力，动态资源释放力
黄俊	2010年	整合能力，组织学习能力，重置能力
金昕等	2015年	感知能力，转化能力
龙思颖	2016年	学习能力，整合能力，重构能力，联盟能力
卢启程等	2018年	感知响应，整合利用，重构转变
侯娜、刘雯雯	2019年	资源配置能力，创新能力，扩散能力和客制化能力

(续)

研究者	时间	构成要素
夏清华、何丹	2019年	环境洞察能力，组织学习能力，组织柔性
彭新敏、姚丽婷	2019年	感知能力，捕捉能力，重构能力
张振刚等	2021年	资源配置能力，实时分析与预测能力，创新能力和客制化能力
赵英鑫等	2021年	感知能力，利用能力，重构能力

6.1.3 动态能力的相关研究

自动态能力的概念提出以来，学者们不断深入研究。Henderson 和 Venkatraman（1993）通过实证研究证实了动态能力的架构能力对于企业绩效有重要的影响。Collis（1994）进一步指出，动态能力不单单是一阶的表现形式，它还存在更高阶的表现形式，这个高阶指的是，对普通速率的"求导"，是变化能力的变化。Helfat 和 Peteraf（2003）在整合前人研究的基础上，对动态能力进行生命周期的研究。近年来学者又进一步将动态能力与知识管理相结合，Zollo 和 Winter（2002）证实了知识的演化机制对于动态能力的重要作用机理。Mylonopoulos 和 Tsoukas（2003）认为知识对动态能力的构建起着非常重要的作用。

关于动态能力的形成，学者们从多个方面进行总结，但通常从两个方向来展开，第一个方向是内部组织因素，第二个方向是外部组织因素。从宏观上看，内部组织因素包含知识资源管理能力、创新能力等；外部组织因素则包含技术、市场、政策等带来的变化的影响。动态能力的形成机制如图 6-1 所示。当然，还有的学者从组织的内外部学习来研究动态能力的形成机制，他们认为企业可以从内部的失败和经验中学习，也可以从外部的收购、联盟、合资以及引入新员工中去增强自身的动态能力。这种形成机制，如图 6-2 所示。两种形成机制都说明了动态能力的形成对知识、资源的重要依赖。

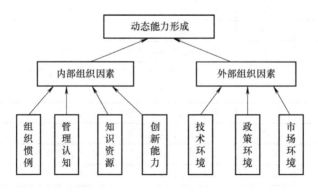

图 6-1　动态能力的形成机制（组织因素）

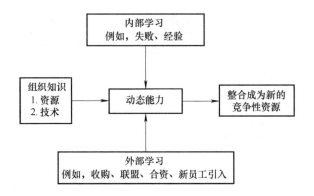

图 6-2　动态能力的形成机制（组织内外部学习）

6.2　环境动态性理论综述

6.2.1　环境动态性的定义和内涵

环境动态性有时候又称为环境动荡性，可从两方面来理解，即环境和动态性，二者的结合构成环境动态性。环境与目标主体有潜在的关系，狭义的环境是指自然环境，广义的环境则包含自然环境和社会环境。对于企业来说，企业面对的市场、技术、政策法规、社会文化、气候资源、地理形势都是其所处的环境，当然也包括企业内部的环境。企业处在一个变化的环境中，环境变化的速度可以用动态性来衡量。动态性越强，则企业面临的环境变化越快。关于环境动态性的定义，学者们结合自己的研究有不同的见解。Duncan（1972）首次提出环境动态性的概念，从六个方面界定企业所处的环境，包括消费者、竞争者、供应商、技术、社会和政治。Miller 和 Friesen（1983）认为环境动态性包括：市场趋势变化率、顾客、竞争者、业务增长机会、产品创新、研发过程中的不可预测性。Dess 和 Beard（1984）将环境动态性描述为企业外部环境变化的不可预测的一种反应速率。Dess 和 Lumpkin（2001）认为环境动态性主要是一种不确定性的程度，而这种不确定性会对企业决策产生很大的影响。王莉和杨蕙馨（2008）认为环境动态性包括技术的变化、客户偏好的波动、产品需求或原材料供给的变化。综合以上研究可以发现，虽然对环境动态性尚无统一定义，但是学者们都认为环境动态性包括环境的不确定性和变化速度。相关学者对于环境动态性的定义见表 6-3。

表 6-3　相关学者对于环境动态性的定义

学者	时间	环境动态性的定义
Miller 和 Friesen	1983 年	市场趋势变化率、顾客、竞争者、业务增长机会、产品创新和研发过程中的不可预测性
Dess 等	1984 年	企业外部环境变化的不可预测性的一种反应速率
Moorman 等	1987 年	技术发展和人口统计学动态性
Wheelwright 等	1992 年	
Kessler 和 Bierly	2002 年	
Robbins	1994 年	对组织绩效有着潜在影响的内外部力量，体现为环境要素变化的速度和幅度
李正卫	2003 年	技术发展和市场需求的动态性
谢洪明	2005 年	
王莉和杨蕙馨	2008 年	技术变化、客户偏好的波动、产品需求或原材料供给的变化
陈国权，王晓辉	2012 年	企业利益相关者行为需求的变化，产品与服务、技术等的变化速度
Simsek.Z 等	2014 年	企业开展创新活动的催化剂
SCHILKE O	2014 年	顾客需求和偏好的快速变化、经济政策和法规制度的不连续调整以及技术进步的破坏性创新
陈国权，刘薇	2017 年	外部环境的变化程度和其不可预测的程度
董振林	2017 年	环境动态性强调了环境变化的速率、程度以及是否具有可预测性
许骞	2020 年	企业所面对的外部环境的基本特征、企业开展创新活动前提

6.2.2　环境动态性的维度和测量

关于环境动态性的维度划分，学者基于不同的研究方向做了不同的分类。Miller 和 Friesen（1983）提出将环境动态性分为敌对性、动态性、异质性三个维度。Dess 和 Beard（1984）以企业整个组织为基础对企业外部创业环境进行实证研究，认为外部环境包括三个维度：动态性、复杂性和宽松性。Moorman 和 Miner（1998）将环境动态性分为市场需求动态性和技术发展动态性两个维度。相关学者关于环境动态性的维度分类见表 6-4。综合上述学者的研究，本研究根据研究的需要，将环境动态性划分为单维度，但是问卷题项里包含市场、技术和政策等要素。

表 6-4 相关学者对环境动态性维度的分类

学者	时间	环境动态性的维度划分
Hannan 等	1977 年	变化频率、变化幅度、变化的可预测性
Wholey 等	1989 年	
Miller 等	1982 年	敌对性、动态性、异质性
Dess 等	1984 年	动态性、复杂性、宽松性
Tan	1993 年	稀缺性、动态性、异质性（复杂性）
Priem 等	1995 年	复杂性、不确定性
Moorman 等	1998 年	市场需求动态性、技术发展动态性
Wheelwright 等	1992 年	
Kessler 等	2002 年	
项保华等	2003 年	变化对象、变化速度、变化方向
李正卫	2003 年	技术发展动态性、市场需求动态性
谢洪明	2005 年	
Suarez	2007 年	市场更新速度、技术更新速度
殷俊杰	2018 年	技术动态性和市场动态性
彭云峰等	2019 年	市场动态性和竞争强度
黄藝丹	2020 年	市场激荡、客户需求及技术发展
马丽	2020 年	市场需求动态性和技术发展动态性

6.2.3 环境动态性的相关研究

环境动态性的研究相对较多，很多学者将环境动态性作为调节变量引入到各自的实证研究中，许多学者关注了环境动态性在企业绩效方面的调节效应，如 Dess 和 Lumpkin（2001）发现环境和战略二者的交互作用对于企业绩效更具有强解释力。Shepherd（2003）通过实证指明了环境动态性对创业导向与企业绩效之间的关系具有调节作用，财务资源、环境动态性和创业导向三者之间的交互作用会影响组织绩效。Hagedoom 和 Duysters（2002）发现，环境变化快会导致企业变革加快，从而要求企业具有更灵活的组织方式，以做出快速的战略调整。李正卫（2003）研究了环境动态性在组织学习和企业绩效中的调节作用，发现环境动态性的市场发展动态性和技术发展动态性分别正向调节组织学习过程中知识的感知和获取等活动。刘井建（2011）认为环境动态性为新创企业带来了机会和威胁，高度动态的市场环境促进企业动态能力产生更高的效应。刘刚和刘静（2013）从权变视角研究动态能力对企业绩效的作用，更进一步提出，环境动态性在动态能力与企业绩效尤其是非财务绩效之间起着正向的调节作用。黄杜鹃和陈松（2015）的研究表明：环境动荡性对主动组织忘记与吸收能力之间的关系具有显著的正向调节作用；动荡的环境要求组织为满足市场需求不断进行改革，环境越动荡，组织越需要对未来不确定性进行评估，越有必要进行主动忘记管理。陈国权和王晓辉（2012）在研究环境动态性的调节作用时发现，由于学习调整时间滞后，在环境动态性高的情况下，企业更需要快速学习以增强自身的竞争力。谢洪明等（2003）在研究中指出，随着环境动态性的提高，企业的动态能力也需要提高，从而使企业有能力对用户、技术和市场快速做出反应。结合以上学者的研究，可以看出，环境动态性在管理领域存在广泛的调节作用属性。

6.3 研究假设

本研究将组织忘记分为忘记学习、避免恶习两个维度。前者是指组织对于沉淀在组织中的过时的、旧的惯例知识等资源的有目的的忘记；后者是指组织在学习新的知识时要避免误导性的知识、恶习等。动态能力被分为感知能力和转化能力两个维度，前者是指组织对于环境变化时出现的机遇和挑战等资源的捕获能力；后者是指组织对于资源知识等的整合重构能力。

6.3.1 组织忘记与动态能力的关系

1. 忘记学习与动态能力的关系

Holan 和 Phillips（2004）在实证研究的基础上指出，组织在学习过程中渐渐地与存在的旧知识惯例产生冲突，组织可能会陷入"遗忘"的陷阱，进而影响新的知识的吸收和利用。忘记学习是组织忘记中非常重要的一个维度，是组织主动地忘记影响企业在新环境中的发展的一些旧知识，如惯例、信念、规则等。伴随着我国经济进入新常态阶段，企业经营所面临的环境和以前有较大的不同；企业必须时刻跟进环境的改变，进行组织忘记学习，为组织记忆系统腾出空间，以便可以持续性学习。Marengo 等（2001）也指出：在发展过程中积累的许多知识资源不全是有效的，很多无效的知识会使组织形成无效的路径依赖，同时这些知识资源也挤占了组织的知识框架，组织必须要忘记这些无用的知识资源。陈娟（2012）进一步通过实证，研究了组织学习的三个维度，即学习承诺、共同愿景、开放心智，它们分别对动态能力的三个维度（感知能力、响应能力、重构能力）有积极的、显著的影响。王向阳等（2011）在研究组织忘记和组织知识管理时指出，组织忘记对于知识管理的三个层面，即知识获取、知识整合和知识利用，有着非常显著的、积极的关系，同时组织忘记也能够促进组织的知识管理和知识融合。卢启程（2009）提出了基于知识管理演化的动态能力模型，知识从显性不断向隐性发展，伴随着知识的编码化、复制、模仿、应用，最后吸收、内化、协同并增强组织的战略联盟，强化组织网络，整合外部资源，最终增强组织的动态能力。潘安成和于水（2009）的动态能力形成机理图，揭示了组织记忆系统通过组织忘记和组织再学习两个进程最终提升组织的动态能力，并借助某具体公司的战略转型升级的过程，详细阐述了在该公司动态能力内涵的不同阶段，组织忘记是如何发挥作用的，该机理图非常直观地说明了组织忘记能够促进组织动态能力的形成和开发。潘安成和邹媛春（2010）又对组织忘记和动态能力的关系进行了更深入的分析，认为：稳定发展的组织内的不断沉淀的惯例、信念、规则等会降低组织的动态能力；有目的的组织忘记学习，能够适当打破组织内在的刚性，这种刚性曾经帮助组织发展，但是当积累到一定程度时，尤其是外界环境发生巨大变化或者变化速度很快时，组织的这种融入日常经营的内在刚性，如惯性文化、规章制度、组织结构等会严重地影响组织对环境变化做出改变的能力，这种能力就是动态能力。

基于以上分析可知，忘记学习对动态能力有显著的正向影响。所以本研究提出如下假设：

H1——忘记学习对感知能力有显著的正向影响。

H2——忘记学习对转化能力有显著的正向影响。

2. 避免恶习与动态能力的关系

Holan（2004）指出避免恶习是指组织需要过滤掉组织中的有害知识。组织在发展过程中，面对着环境的快速变化，需要不断学习新的知识、新的制度、新的流程、新的文化等。它们能够使组织更从容地面对竞争环境，其感知、转化、运用能够使组织的动态能力得到加强，但是并不是所有知识对于组织来说都是有用的，组织学习某些不适合自身的知识，可能会陷入混乱和危机中，对有害知识的过度学习也占用了组织有限而宝贵的精力，这也间接地影响了组织对有用的新知识的感知、转化和利用的能力，降低了组织的动态能力。如果组织能够有意识地避免恶习，对新知识取其精华、去其糟粕，不断提升自身对知识的感知、转化能力，势必会使动态能力不断加强。焦豪等（2008）从组织学习的视角指出，动态能力的形成路径中，组织学习起着非常重要的作用。避免恶习能够增强组织的学习能力，提升组织的动态能力，使得组织在面对新知识时可以有更强的感知能力和转化能力。

当前，我国处在经济新常态下，我国经济的结构在发生转型，很多企业由劳动密集型向技术密集型转变，企业对于知识的获取就显得非常重要。就知识的创造过程来看，企业知识的源头有新的行业产业相关政策、各种科研机构或者高校诞生的新技术、行业内优秀企业的管理制度和企业文化。企业可以通过专题培训、技术专利转让授权、管理文化或者流程制度的学习来获取这些知识资源。技术、文化、管理流程等抽象成管理领域的范畴词汇就是惯例、信念等。企业在激烈的竞争中，必须时刻保持着最好的学习状态，能够对有用的技术、制度、文化等保持很强的感知能力，同时又不受到有害知识的干扰。避免恶习使企业在不受有害知识的干扰下对有用知识保持很强的转换能力。避免恶习能够使企业接触的知识源头，尤其是企业从外部获得的知识更加"纯粹"，间接地在剔除无用的干扰性知识后，增强企业知识源的广度和深度。金昕和陈松（2015）分析了我国 214 家知识密集型企业，指出知识源的广度和深度对于企业的动态能力有显著的影响，可以明显地提升企业的感知能力和转化能力。

基于以上分析可知，避免恶习对动态能力有显著的正向影响。所以本研究提出如下假设：

H3——避免恶习对感知能力有显著的正向影响。

H4——避免恶习对转化能力有显著的正向影响。

6.3.2　组织忘记与企业战略转型的关系

1. 忘记学习与企业战略转型的关系

知识管理、组织学习与企业战略管理融合的趋势越来越明显。薛有志等（2012）从资源基础观的视角，提出企业战略转型的实现路径。随着企业的发展和环境的变化，企业已有的惯例可能与企业发展不相适应，成为企业的"惯性陷阱"。忘记学习使企业对于已有的可能已经不适合环境变化的制度、流程、文化等进行主动忘记。主动忘记的这一过程，对于企业的记忆系统来说是释放空间的过程。空间的释放有利于企业更快、更好地接受新的制度、新的流程、新的文化。根据杨凯靖和陈章旺（2009）对企业战略转型的分类，企业战略转型可以从两个重要的视角来分析。第一个视角是认知视角，企业管

第6章 组织忘记对企业战略转型影响的实证研究

理层接受了环境变量和组织变量而后促成企业的战略转型：环境变量指的是企业经营的自然环境和社会环境；组织变量这里主要是指企业的知识，知识是企业最重要的资源，也是最核心的资源。在我国经济新常态下，知识对于企业而言越来越重要，所以从认知视角，战略转型的企业通过组织忘记来学习，接受新的知识无疑有助于企业进行战略转型升级。第二个视角是学习视角，企业的学习实质上属于企业的一种管理行为，企业的学习能力也从侧面显示出企业的管理能力。学习视角的企业战略转型，强调企业的管理层通过对环境变量和组织变量的学习，触发管理行为，这种行为有利于企业的战略转型。刘海建（2005）在研究动态环境下的企业战略转型的阻力时，强调惯例阻力、员工阻力和技术阻力是影响企业战略转型的三大原因。而忘记学习恰恰可以消除企业的旧惯例，打破组织结构的刚性，通过及时消除不合时宜的规章制度和落后的企业技术、流程，使得企业不断脱胎换骨，充满活力，使得企业在面对环境变化时，有很强的学习能力，能够从容地进行战略转型。

Lyles（2003）指出，组织如果不能对旧的知识进行合理的忘记，就很难适应剧烈变化的环境，企业的变革转型就不能够有效实施。Ghemawat（2003）对可口可乐公司的研究证明，企业一直认可的标准化的经营战略已经不再适应企业的发展，但是很多企业即使能意识到问题，但因为受到企业传统惯例的影响，也不能够改变。Rousseau（1989）指出，企业之前的成功，往往使员工与管理者陷入自我欣赏甚至骄傲，同时员工也会对变革转型充满恐惧。这些都会影响企业的战略转型，因此忘记学习根据企业情况、组织特性，采取不同的策略，有助于企业战略转型。

可见，不管是基于资源基础观的企业战略转型，或者是基于认知理论的企业战略转型，还是基于组织学习理论的企业战略转型，忘记学习都能够通过影响其内在动因，对其产生较强的正向作用。

基于以上分析，本研究提出如下假设：

H5——忘记学习对企业战略转型有显著的正向影响。

2．避免恶习与企业战略转型的关系

企业在发展过程中，需要不断学习新的知识、引进新的技术、尝试新的企业文化、制定新的管理流程、划分新的组织结构或者寻求开发新的产品和服务。企业在学习新的广义的知识时，会有意识或者无意识地将它们和自身已有的旧知识进行比较。通过这种比较，企业会发现自身与其他企业的差距，或者发现自身和时代的差距等。这种状况下，企业往往会启动战略转型的过程，换句话说，企业在学习新的知识时，很容易发现不足，进而激发自身改革，完成战略转型。避免恶习就是企业在学习新的知识时，能够始终紧紧围绕自身情况，充分结合环境，学习对自己最有用、最适用的新知识，避免学习无用的、有害的知识。

张西奎（2005）指出，对组织忘记管理不善，会导致企业吸收有害的知识，使企业的发展方向发生偏离。因此，要积极吸取有用的新知识，它们会对企业的战略转型产生积极的影响。避免恶习能使企业的环境识别能力大大增强。在新常态的背景下，在我国加入 WTO 的背景下，企业的外部环境异常复杂，避免恶习能够使企业保持专注持久的竞争力，不断增强的环境识别能力有益于企业战略转型。

基于以上分析，本研究提出如下假设：

H6——避免恶习对企业战略转型有显著的正向影响。

6.3.3　动态能力与企业战略转型的关系

动态能力是企业应对外界环境变化的一种能力。Eisenhard 和 Martin 等（2000）指出，动态能力是应对企业战略转型的一种战略惯例，是一种惯例化的组织过程。动态能力可以使企业更加迅速地战略转型的同时兼具敏捷性和柔性的转型能力。Lawson 和 Samson（2001）利用动态能力构建了企业战略转型的完整模型。Subbanarasimha 等（2001）进一步指出，动态能力具备组织知识的属性，而这种属性在一定情况下表现为企业转型的能力，以适应不断变化的环境。

在当前经济新常态下，我国经济结构不断调整，驱动经济的要素不断变化，企业面临的竞争形势非常严峻。美国学者维尼（Aveni）在其著作《超竞争》中指出，企业特别是高科技行业的企业，由于其行业的生命周期相对于传统行业大为缩短，企业的竞争优势能够持续的时间非常短，因此企业需要根据竞争形势和环境进行战略转型。在企业面临的快速变化的环境中，企业的很多惯例、过时的知识会形成企业"核心能力刚性"，阻碍企业战略转型（王核成 等，2005）。企业动态能力就是企业在动态环境中体现的一种能够与时俱进的能力。动态能力就是能够使企业根据环境，调整、重构企业内外部资源的能力。而这种调整、重构企业内外部资源（如重整企业员工团队、调整产品结构），以及实时识别企业外部竞争机会和风险的内外部联动，其实就是从企业内外部驱动企业战略转型。

动态能力在本研究中被分为两个维度：感知能力和转化能力。华为凝聚资源进入消费者终端领域，通过观察小米等同行企业在互联网自建电商渠道的成功，感知到移动互联时代和物流时代的真正到来。自建的电商渠道既可以宣传企业，也可以作为重要的发货渠道。华为公司组建华为商城并开设天猫旗舰店，减少对运营商渠道的依赖，取得了非常不错的效果。这其实就是企业对于环境资源相关知识的感知，这种感知能力能够使企业迅速把握战略转型的方向。Prahald（1996）指出，企业处在变化莫测的环境中，有时候难以识别市场机会，因此感知能力对于企业来说很重要，企业感知能力强，才能够对外界变化做出反应，才能够实施战略转型。Teece 等（1997）也认为企业战略转型与感知能力关系密切。而企业对资源知识的转化能力，是企业的一种持续地对市场变化所做出的重构资源以重获竞争优势的能力。转化能力是感知能力的进一步升华，有助于企业战略转型进一步深入。

基于以上分析可知，动态能力对企业战略转型有显著的正向影响，所以本研究提出如下假设：

H7——感知能力对企业战略转型有显著的正向影响。

H8——转化能力对企业战略转型有显著的正向影响。

6.3.4　动态能力在组织忘记与企业战略转型间的中介作用

动态能力、组织忘记、企业战略转型，尤其是动态能力方面，国内外学者做了非常多的研究，对企业能力的研究从静态能力到动态能力的发展过程中，动态能力得到了学术界的普遍认可。在当前竞争激烈的市场环境下，企业的优势和劣势都在快速地变化。曾经辉煌多年的制造商在短短两三年就销声匿迹。同样地，毫无制造经验的新企业短短几年内成为制造领域的超级明星。这些都说明企业必须具备动态能力，对企业外部和内部的资源、技术等知识的感知、识别进行转化重构，从而形成新的竞争力，以使企业保持领先、基业长青。动态能力已经是企业的一种综合性能力，一种集成的内在能力，一种不容易被模仿的独特的能力。动态能力作为连接组织忘记和企业战略转型的桥梁，能够通过感知和转化能力将知识资源等"企业资产"贯穿起来。而这种贯穿的过程，也将组织学习的内涵隐含在其中，所以组织忘记到动态能力到企业战略转型的深层次的机制是组织学习，企业通过持续学习来塑造持续的竞争力。

基于以上分析，本研究提出如下假设：

H9——感知能力在忘记学习与企业战略转型间起中介作用。

H10——转化能力在忘记学习与企业战略转型间起中介作用。

H11——感知能力在避免恶习与企业战略转型间起中介作用。

H12——转化能力在避免恶习与企业战略转型间起中介作用。

6.3.5 环境动态性在动态能力与企业战略转型间的调节作用

在经济新常态下，我国企业面临的外部环境变化得非常迅速。这些外部环境变化可能会给企业带来机遇，也可能会给企业带来灾难，企业必须关注环境。同样地，不同的环境中，企业可能会采取不同的措施。所以，企业的行为在某种程度上是基于环境变化而变化的。刘井健（2011）指出动态能力有助于识别和满足客户需求的变化，客户需求的变化能够影响企业战略转型。因此，越是剧烈变化的环境中，动态能力产生的效应越高，也就是说，动态能力越能对企业战略转型产生影响。刘刚和刘静（2013）具体划分了环境动态性的三个维度，即市场动态性、技术动态性和政策动态性，并认为这三者对企业绩效具有调节作用，而且环境动态性在调节动态能力以及企业的财务绩效和非财务绩效方面均具有显著作用。对于企业绩效和企业战略转型之间的关系，很多学者都做过研究。唐健雄等（2012）基于140家中国企业，研究了企业战略转型能力和绩效关系，发现企业战略转型与企业绩效有显著的正向关系。曾萍（2011）构建了动态能力对企业战略转型的影响模型，调研了珠三角相关企业，发现环境动态性对于动态能力本身影响不大，但是对于动态能力与企业战略转型间的关系有影响。

在战略管理研究领域，非常多的研究已经证实，环境对于企业的战略、流程、结构、绩效等具有重要影响。在环境动态性比较强的情况下，企业需要更强的动态能力去感知环境中诸如政策、市场、技术等资源要素的变化情况，去转化企业的重要的内外部资源，从而促进企业战略转型。而在环境动态性较弱的情况下，企业面临的环境变化幅度不大，企业往往会陷入一种安定的状态，外界的相对稳定也会减弱企业对资源知识等的感知能力，进而降低企业对这些资源知识的转化能力，所以，在这种较低的动态能力水平下，企业的战略转型能力也会相对较低。项国鹏和项乐毅（2013）也强调，环境动态性对企业家的战略能力具有重要的影响，在环境动态性较强时，企业需要提高学习能力，提高对资源知识的感知能力和转化能力，从而使得企业在转型时可以游刃有余。同时，环境动态性较强时，企业的技术、产品、服务以及消费者的需求偏好都会发生变化，企业不得不加速战略转型的步伐。

基于以上分析可知，环境动态性对动态能力与企业战略转型的关系具有调节作用，所以本研究提出如下假设：

H13——环境动态性在感知能力与企业战略转型的关系间具有正向调节作用。

H14——环境动态性在转化能力与企业战略转型的关系间具有正向调节作用。

6.3.6 概念模型的构建

通过上述分析，本研究共提出 14 个假设，汇总见表 6-5。

表 6-5 本研究的假设

编号	假设内容
组织忘记与动态能力的关系	
假设 1	忘记学习对感知能力有显著的正向影响
假设 2	忘记学习对转化能力有显著的正向影响
假设 3	避免恶习对感知能力有显著的正向影响
假设 4	避免恶习对转化能力有显著的正向影响
组织忘记与企业战略转型的关系	
假设 5	忘记学习对企业战略转型有显著的正向影响
假设 6	避免恶习对企业战略转型有显著的正向影响
动态能力与企业战略转型的关系	
假设 7	感知能力对企业战略转型有显著的正向影响
假设 8	转化能力对企业战略转型有显著的正向影响
动态能力在组织忘记与企业战略转型间的中介作用	
假设 9	感知能力在忘记学习与企业战略转型间起到中介作用
假设 10	转化能力在忘记学习与企业战略转型间起到中介作用
假设 11	感知能力在避免恶习与企业战略转型间起到中介作用
假设 12	转化能力在避免恶习与企业战略转型间起到中介作用
环境动态性在动态能力与企业战略转型间的调节作用	
假设 13	环境动态性在感知能力与企业战略转型的关系间起到正向的调节作用
假设 14	环境动态性在转化能力与企业战略转型的关系间起到正向的调节作用

在假设的基础上，本研究尝试构建这样的研究框架，即组织忘记通过对组织过时的知识或者惯例等的遗忘过程来影响企业的动态能力；而动态能力是企业面对变化做出改变，重新整合构建资源的能力，它有助于企业在面对环境变化时进行战略转型。为此，本研究提出以动态能力作为中介变量，组织忘记作为自变量，企业战略转型作为因变量的实证模型。本研究的概念模型如图 6-3 所示。

组织忘记对企业战略转型的影响研究

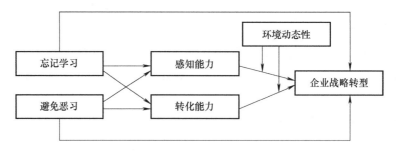

图 6-3　本研究的概念模型

6.4　实证分析

在上一节中，本研究构建了组织忘记、动态能力与企业战略转型间关系的概念模型，并提出了相关假设，但是假设的正确性还需要通过企业的实际数据进行验证。本节将从问卷设计、变量测度、信度和效度分析及统计分析方法和工具几个方面对实证研究过程的详细设计做介绍，并对研究中所设计的方法进行详细阐述，最后介绍通过相关分析、主效应分析、中介效应分析和调节效应分析完成假设验证。

6.4.1　问卷设计和变量测度

本研究所涉及的问卷是国家社科基金项目《新常态下组织忘记对企业战略转型的影响研究》的一部分。问卷设计过程如 5.4.1 所述，此处不再赘述。

在变量测度方面，本研究所涉及的主要变量包括组织忘记（自变量）、企业战略转型（因变量）、动态能力（中介变量）、环境动态性（调节变量）以及相关控制变量。

1. 组织忘记（自变量）度量

本研究对组织忘记的度量量表见前文表 5-6，此处不再赘述。

2. 企业战略转型（因变量）度量

本研究对企业战略转型的度量采用新常态下企业战略转型的测度量表，该量表共包含 11 个题项（详见表 3-1）已被证明具有良好的信度和效度。

3. 动态能力（中介变量）度量

企业动态能力，是在企业能力理论之后的集大成者，国内外相关学者对其做了非常多的研究。在动态能力维度划分方面的量表设计，也是相当丰富的，既有基于单维度的测量量表，也有基于多维度的测量量表。根据前文可知，本研究将动态能力分为感知能力和转化能力。感知能力指的是企业对目前处境、内外部资源的感知，是企业能够遗忘掉过时的惯例、观念、流程等的能力，它有助于提升企业战略转型能力。转化能力是一种感知处境和资源后的转化整合能力，可以促进组织学习，从而促进企业战略转型。郑素丽等（2010）将动态能力分为知识的获取、创造和整合，知识的获取和创造主要来源于企业的内部和外部，并通过"企业能否从外部获得关于技术、市场、管理、制造等知识"来衡量企业的知识获取能力，通过"企业能否从内部自身获取相关技术、市场、管理、制造等知识"来衡量企业的知识创造能力。本研究借鉴这一思路，并且将企业的知识获取和知识创造这两种内外部知识的来源进行整合，用感知能力结合二者。关于感知能力的测量，Teece 在 2007 年发表的《动态能力：可持续企业的性质和微观基础的性能》一文中明确了感知能力的测量量表，并且将企业获得感知的渠道扩大到企业利益相关者，具体测量题项包括"企业能否从内部研发中发现获取新技术""企业能否利用外部社会的先进的科学技术""企业能否从企业利益相关者如供应商等处学到创新的思路""企业能否识别不断变化的目标市场、不断变化的客户需求等"。本研究采用 Teece 开发的感知能力的测量量表。关于转化能力的测量，Garud 和 Nayyar（1994）在研究企业外部知识内化以及知识在组织间的转移时，强调企业的转化能力必须要加强对企业知识的内化，转化能力会造成企业间的知识差异、联盟战略、组织边界和创新等。Protogerou 等（2012）在探索动态能力与企业绩效之间的关系时，认为企业的转化能力应该考虑能否调整组织结构和工作流程等。本研究结合 Teece 关于转化能力的相关研究（即企业面对变化时，能否及时调整目标和计划以保证企业对知识资源等的利用，从而促进企业战略转型），以及相关专家的意见，形成动态能力量表，详见表 6-6。

表 6-6 动态能力量表

变量	符号	题项描述	来源
感知能力	DC1	企业能够从内部研发中发现并获取新技术	Teece（2007）
	DC2	企业能够利用外部社会的先进的科学技术	
	DC3	企业能够学到供应商等利益相关者的创新	
	DC4	企业能够识别目标市场、客户需求变化和客户方面的变革	

(续)

变量	符号	题项描述	来源
转化能力	DC5	面对环境变动和竞争需要，企业能够迅速从外部获取人财物等资源	Garud 和 Nayyar（1994） Teece（2007） Protogerou（2012）
	DC6	面对环境变动和竞争需要，企业能够合理调配人财物等资源	
	DC7	面对环境变动和竞争需要，企业能够迅速调整组织结构和工作流程	
	DC8	面对环境变动和竞争需要，企业能够及时调整目标和计划	

4. 环境动态性（调节变量）度量

环境动态性分为技术动态性和市场动态性。技术动态性是指技术变革或者技术进步的快速性。市场动态性则主要表现在顾客偏好、市场需求、原材料供给、竞争对手经营策略的快速变化以及产品生命周期的缩短。对于技术动态性和市场动态性的测量，Jaworski 和 Kohli（1993）提出的量表被国内外学者广泛采用。对市场动态性的度量，采用了 5 个题项：企业所在的业务领域中，顾客对产品的偏好变化很快；顾客总是倾向于寻找新的产品；许多顾客正在对企业的产品或服务形成需求；新顾客对产品的需求与原有顾客相比存在差异；企业总是满足原有顾客的要求。而对于技术动态性的测量主要包括：企业所在领域中技术变化很快；技术的变化为企业提供了很大的机遇；很难预测未来 2～3 年企业所在领域的技术变化趋势；企业所在领域的技术突破，使得大量新产品的创意变为现实；企业所在领域的技术变化程度较小。

Jaworski 和 Kohli（1993）对于技术动态性和市场动态性的测量也被 Pavlou（2006）、刘雪锋（2007）、曹郑玉（2010）等学者所采用，且被验证具有良好的信度和效度。本研究在参考 Jaworski 和 Kohli（1993）对于环境动态性的测量的基础上，结合 Miller 和 Friesen（1983）的研究，构建了包括技术动态性和市场动态性的环境动态性量表，详见表 6-7。

表 6-7 环境动态性量表

量表	符号	题项描述	来源
环境动态性	ED1	企业必须经常改变经营活动来保住市场	Jaworski 和 Kohli（1993） Miller 和 Friesen（1983）
	ED2	本企业产品或服务的淘汰率非常高	
	ED3	企业很难预测消费者的需要和嗜好	
	ED4	企业很难预测竞争对手的行动	
	ED5	本企业产品或服务的技术革新很快	

第6章 组织忘记对企业战略转型影响的实证研究

5. 控制变量度量

企业成立的年限不同，其市场竞争行为会存在显著差异，这使得其内部资源及能力发展水平有着明显的不同。刘雪峰（2007）认为经营时间较长的企业往往能够积累更多的知识和能力，不断提高组织间学习能力，通过更加系统地学习，进一步提高对外部环境的应变能力，维持自身的竞争优势。由于成立不到3年的企业属于新创企业，企业的相关知识积累才刚刚起步，因此本研究选取成立3年以上的中小企业作为调查对象。同时，为了便于进行数据分析，本研究将企业年龄分为三档，分别为"3~5年""5~10年""10年以上"，并分别用数字1、2、3来代替，数字越大代表企业的年龄越大。企业在企业规模（不同的员工数）、企业内部沉淀的知识资源等方面也有差异。员工越多的企业，越有可能形成"大企业病"，企业运营效率慢，容易陷入"流程化"。因此本研究采用员工数来衡量企业的规模，企业规模可分为四档，分别为"100人以下""101~500人""501~1000人"和"1000人以上"，并分别用数字1、2、3、4来代替，数字越大代表企业的规模越大。

6.4.2 信度和效度分析

1. 信度分析

本研究使用SPSS 22对各变量及维度进行信度分析，结果见表6-8。企业战略转型和环境动态性的Cronbach's α值在0.8左右，而组织忘记和动态能力的Cronbach's α值都大于0.6。分别删除各题项后详细信度分析Cronbach's α值，结果见表6-9，各变量各题项的Cronbach's α值都大于0.6。本问卷信度情况较理想，所以本研究不再分析各题项的CITC值（校正的项总计相关性）。由于问卷总的Cronbach's α值是体现问卷量表内部一致性的，所以也不再计算本问卷总的Cronbach's α值。

表6-8 各变量及维度信度分析结果汇总表

变量	维度	题项数目	Cronbach's α值	总的Cronbach's α值
组织忘记	忘记学习	5	0.827	0.836
	避免恶习	5	0.843	
动态能力	感知能力	4	0.741	0.840
	转化能力	4	0.874	
企业战略转型		11	0.794	0.856
环境动态性		5	0.735	0.735

表 6-9 分别删除各题项后详细信度分析结果表

变量名称	题项	删除该题项后的 Cronbach's α	Cronbach's α
组织忘记	OU1	0.832	0.836
	OU2	0.807	
	OU3	0.820	
	OU4	0.828	
	OU5	0.818	
	OU6	0.819	
	OU7	0.806	
	OU8	0.831	
	OU9	0.806	
	OU10	0.817	
动态能力	DC1	0.854	0.840
	DC2	0.832	
	DC3	0.829	
	DC4	0.807	
	DC5	0.804	
	DC6	0.802	
	DC7	0.819	
	DC8	0.816	
企业战略转型	ST1	0.856	0.794
	ST2	0.727	
	ST3	0.752	
	ST4	0.724	
	ST5	0.736	
	ST6	0.763	
	ST7	0.815	
	ST8	0.796	
	ST9	0.831	
	ST10	0.814	
	ST11	0.784	
环境动态性	ED1	0.689	0.735
	ED2	0.634	
	ED3	0.716	
	ED4	0.682	
	ED5	0.715	

2．效度分析

对组织忘记量表进行 KMO 与 Bartlett 检验，结果见表 6-10。从表中可以看出 KMO 值为 0.837，且 Bartlett 的球形检验的显著性概率值小于 0.05，达到显著性水平，这表明可以对组织忘记的量表进一步做探索性因子分析。

表 6-10　组织忘记量表的 KMO 与 Bartlett 检验结果

取样足够度的 KMO 度量		0.837
Bartlett 的球形检验	近视卡方分布	261.038
	自由度	45
	显著性	0.000

对组织忘记进行探索性因子分析的结果见表 6-11。共提取两个公因子，即忘记学习、避免恶习两个公因子转轴后的特征值分别为 3.853、2.655，均大于 1，联合解释变异量为 65.084%，且每个题项的因子载荷均大于 0.5，这表明组织忘记量表能够有效测量在理论架构上所要测量的特质，提取的两个公因子与测度量表的结论一致。

表 6-11　组织忘记量表的探索性因子分析结果

变量名称	题项	因子载荷	
		1	2
忘记学习	OU1	0.804	—
	OU2	0.868	—
	OU3	0.810	—
	OU4	0.812	—
	OU5	0.738	—
避免恶习	OU6	—	0.837
	OU7	—	0.800
	OU8	—	0.714
	OU9	—	0.832
	OU10	—	0.789
特征值		3.853	2.655
各因子解释变异百分比		31.994%	33.090%
累积解释变异百分比		65.084%	

对动态能力量表进行 KMO 与 Bartlett 检验，结果见表 6-12。从表中可以看出，KMO 值为 0.839，且 Bartlett 的球形检验的显著性概率值小于 0.05，达到显著性水平，这表明

可以对动态能力的量表进一步做探索性因子分析。

表 6-12　动态能力量表的 KMO 与 Bartlett 检验结果

取样足够度的 KMO 度量		0.839
Bartlett 的球形检验	近视卡方分布	326.003
	自由度	28
	显著性	0.000

对动态能力进行探索性因子分析的结果见表 6-13。共提取两个公因子，即感知能力、转化能力，两个公因子转轴后的特征值分别为 3.15、2.26，均大于 1，联合解释变异量为 67.63%，且每个题项的因子载荷均大于 0.5，这表明动态能力量表能够有效测量在理论架构上所要测量的特质，提取的两个公因子与测度量表的结论一致。

表 6-13　动态能力量表的探索性因子分析结果

变量名称	题项	因子载荷	
		1	2
感知能力	DC 1	0.838	—
	DC 2	0.816	—
	DC 3	0.762	—
	DC 4	0.608	—
转化能力	DC 5	—	0.863
	DC 6	—	0.857
	DC 7	—	0.853
	DC 8	—	0.834
特征值		3.15	2.26
各因子解释变异百分比		39.34%	28.29%
累积解释变异百分比		67.63%	

对企业战略转型量表进行 KMO 与 Bartlett 检验，结果见表 6-14。从表中可以看出，KMO 值为 0.867，且 Bartlett 的球形检验的显著性概率值小于 0.05，达到显著性水平，这表明可以对企业战略转型的量表进一步做探索性因子分析。

表 6-14　企业战略转型量表的 KMO 与 Bartlett 检验结果

取样足够度的 KMO 度量		0.867
Bartlett 的球形检验	近视卡方分布	273.314
	自由度	15
	显著性	0.000

对企业战略转型进行探索性因子分析的结果见表 6-15。因子的累积解释变异为 76.54%，且每个题项的因子载荷均大于 0.5，这表明企业战略转型量表能够有效测量在理论架构上所要测量的特质。

表 6-15　企业战略转型量表的探索性因子分析结果

变量名称	题项	因子载荷		
		1	2	3
企业战略转型	ST1	0.628	—	—
	ST2	0.794	—	—
	ST3	0.645	—	—
	ST4	0.726	—	—
	ST5	0.831	—	—
	ST6	—	0.787	—
	ST7	—	0.685	—
	ST8	—	0.652	—
	ST9	—	—	0.731
	ST10	—	—	0.714
	ST11	—	—	0.610
特征值		3.06	2.95	2.88
各因子解释变异百分比		30.04%	24.03%	22.47%
累积解释变异百分比		76.54%		

对环境动态性量表进行 KMO 与 Bartlett 检验，结果见表 6-16。从表中可以看出，KMO 值为 0.821，且 Bartlett 的球形检验的显著性概率值小于 0.05，达到显著性水平，表明可以对环境动态性的量表进一步做探索性因子分析。

表 6-16　环境动态性量表的 KMO 与 Bartlett 检验结果

取样足够度的 KMO 度量		0.821
Bartlett 的球形检验	近视卡方分布	110.715
	自由度	10
	显著性	0.000

对环境动态性进行探索性因子分析的结果见表 6-17。环境动态性作为一阶变量，特征值为 3.53，大于 1，因子的累积解释变异为 70.58%，且每个题项的因子载荷均大于 0.5，这表明环境动态性量表能够有效测量在理论架构上所要测量的特质。

表 6-17　环境动态性量表的探索性因子分析结果

变量名称	题项	因子载荷
环境动态性	ED1	0.610
	ED2	0.719
	ED3	0.808
	ED4	0.768
	ED5	0.623
特征值		3.53
累积解释变异百分比		70.58%

6.4.3　相关分析和回归分析

1. 相关分析

相关分析是指衡量两个变量间的密切程度，它是进行回归分析的前提条件。因此在进行回归分析之前，本研究对模型中设计的变量两两进行相关分析，并对各变量的均值和方差进行了描述性分析，分析结果见表 6-18。可以看出：自变量忘记学习（$r=0.487$，$p<0.01$）、避免恶习（$r=0.514$，$p<0.01$）与企业战略转型正向相关；自变量忘记学习（$r=0.544$，$p<0.01$）、避免恶习（$r=0.655$，$p<0.01$）与中介变量感知能力正向相关；自变量忘记学习（$r=0.354$，$p<0.01$）、避免恶习（$r=0.420$，$p<0.01$）与中介变量转化能力正向相关；感知能力（$r=0.502$，$p<0.01$）、转化能力（$r=0.404$，$p<0.01$）与企业战略转型正向相关；调节变量与中介变量、因变量间也存在着正相关关系。这些结果与本研究假设的方向是一致的，为假设的验证提供了初步的依据。接下来本研究将采用多元回归分析的方法，对假设进行进一步的验证。

表 6-18　变量相关分析结果

	企业年龄	企业规模	忘记学习	避免恶习	感知能力	转化能力	企业战略转型	环境动态性
均值	2.281	2.342	3.412	3.598	3.469	3.459	3.416	2.927
方差	0.751	0.767	0.729	0.727	0.773	0.829	0.714	0.729
企业年龄	1							
企业规模	0.651**	1						
忘记学习	0.086	−0.019	1					
避免恶习	0.171*	0.126	0.586**	1				

第6章 组织忘记对企业战略转型影响的实证研究

（续）

	企业年龄	企业规模	忘记学习	避免恶习	感知能力	转化能力	企业战略转型	环境动态性
感知能力	0.142	0.112	0.544**	0.665**	1			
转化能力	−0.050	0.016	0.354**	0.420**	0.456**	1		
企业战略转型	−0.127	−0.087	0.487**	0.514**	0.502**	0.424**	1	
环境动态性	0.027	0.113	0.070	0.035	0.209**	0.190*	0.322**	1

注：$n=296$；**表示 $p<0.01$，*表示 $p<0.05$。

2．主效应分析

本研究的主效应涉及忘记学习、避免恶习两个自变量对企业战略转型的影响，首先将自变量忘记学习、避免恶习分别设为 x_1，x_2，因变量企业战略转型设为 y，则主效应的关系模型如图6-4所示。

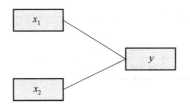

图6-4 主效应关系模型

根据关系模型，本研究构建了标准化的回归方程：

$$y = \beta_1 x_1 + \beta_2 x_2 \tag{6-1}$$

式中，β_1、β_2 分别代表了 x_1、x_2 对 y 的影响程度。根据式（6-1）及问卷调查数据，运用 SPSS 22.0 对 β_1、β_2 值及其显著性程度进行计算，以检验自变量对因变量的影响程度。

主效应及中介效应假设检验结果见表6-19。

表6-19 主效应及中介效应假设检验结果

	感知能力		转化能力		企业战略转型					
	模型1	模型2	模型3	模型4	模型5	模型6	模型7	模型8	模型9	模型10
控制变量										
企业年龄	0.104	−0.042	−0.066	−0.238	−0.030	−0.188	−0.115	−0.005	−0.185	−0.146
企业规模	−0.064	0.073	0.024	0.106	0.087	0.114	0.101	0.078	0.108	0.118

（续）

	感知能力		转化能力		企业战略转型					
	模型1	模型2	模型3	模型4	模型5	模型6	模型7	模型8	模型9	模型10
自变量										
忘记学习		0.108*		0.101*		0.400**			0.169**	0.178**
避免恶习		0.605**		0.469**		0.335**			0.107	0.203**
中介变量										
感知能力							0.613**		0.437**	
转化能力								0.587**		0.401**
R^2	0.022	0.462	0.023	0.292	0.005	0.312	0.376	0.345	0.423	0.426
$\triangle R^2$	0.012	0.455	−0.020	0.284	−0.180	0.304	0.372	0.342	0.413	0.416
F值	1.986*	73.31**	0.125*	36.92**	1.220*	39.03**	108.23**	95.15**	41.38**	42.28**

注：$n=296$；**表示$p<0.01$，*表示$p<0.05$。

本研究提出了忘记学习、避免恶习对企业战略转型有显著正向影响的假设。为了验证假设，本研究首先将企业战略转型设为因变量，其次加入控制变量（企业年龄、企业规模），最后将自变量（忘记学习、避免恶习）放入回归方程，回归分析结果见表6-19的模型6。模型6反映了自变量（忘记学习、避免恶习）与因变量（企业战略转型）的关系，模型6整体效果的F值（$F=39.03**$，$p<0.01$）十分显著，这表明模型具有较好的解释力度。回归分析结果显示，忘记学习（$\beta=0.400$，$p<0.01$）、避免恶习（$\beta=0.335$，$p<0.01$）均对企业战略转型有显著的正向影响。因此，假设5、假设6得到了数据的支持，这也为进一步分析动态能力的中介作用奠定了基础。

3. 中介效应分析

当自变量x通过变量M_e来影响因变量y时，M_e就称为中介变量，其在模型中所起到的作用就是中介作用。本研究将检验动态能力是否在自变量（忘记学习、避免恶习）与因变量（企业战略转型）之间起到中介作用。本研究将动态能力设为M_e，则中介效应的关系模型如图6-5所示。

第6章 组织忘记对企业战略转型影响的实证研究

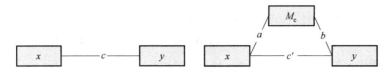

图 6-5 中介效应的关系模型

根据关系模型,本研究构建了标准化的回归方程:

$$\begin{aligned} m &= ax + \varepsilon \\ y &= cx + \varepsilon \\ y &= bm + c'x \end{aligned} \quad (6\text{-}2)$$

根据式（6-2）及问卷调查数据,本研究运用 SPSS 22.0 对系数 a、b、c、c' 的值及其显著性进行计算,对动态能力的中介作用进行检验。

本研究将检验动态能力（感知能力、转化能力）,在自变量（忘记学习、避免恶习）与因变量（企业战略转型）之间所起到的中介作用。首先,将忘记学习、避免恶习设为自变量,将企业战略转型设为因变量,检验忘记学习、避免恶习与动态能力（感知能力、转化能力）的关系,分析结果见表 6-19 的模型 2、模型 4。模型 2 反映了忘记学习、避免恶习与感知能力的关系,模型 2 整体效果的 F 值（$F=73.31^{**}$,$p<0.01$）十分显著,这表明模型具有较好的解释力度。模型 4 反映了忘记学习、避免恶习与转化能力的关系,模型 4 整体效果的 F 值（$F=36.92^{**}$,$p<0.01$）十分显著,这表明模型具有较好的解释力度。回归分析结果显示,忘记学习（$\beta=0.108$,$p<0.05$）、避免恶习（$\beta=0.605$,$p<0.01$）均对感知能力有显著的正向影响。忘记学习（$\beta=0.101$,$p<0.05$）、避免恶习（$\beta=0.469$,$p<0.01$）均对转化能力有显著的正向影响。因此,假设 1、假设 2、假设 3、假设 4 得到了数据的支持。

本研究将感知能力、转化能力设为自变量,将企业战略转型设为因变量,检验动态能力与企业战略转型的关系,分析结果见表 6-19 的模型 7、模型 8。模型 7 反映了感知能力与企业战略转型的关系,模型 7 整体效果的 F 值（$F=108.23^{**}$,$p<0.01$）十分显著,这表明模型具有较好的解释力度。模型 8 反映了转化能力与企业战略转型的关系,模型 8 整体效果的 F 值（$F=95.15^{**}$,$p<0.01$）十分显著,这表明模型具有较好的解释力度。回归分析结果显示,感知能力（$\beta=0.613$,$p<0.01$）与企业战略转型间存在显著的正向影响,转化能力（$\beta=0.587$,$p<0.01$）与企业战略转型之间存在显著的正向影响。因此,假设 7、假设 8 得到了数据的支持。

本研究检验动态能力（感知能力、转化能力）在忘记学习、避免恶习与企业战略转型之间所起到的中介作用。首先,将企业战略转型设为因变量;其次,加入控制变量（企业年龄、企业规模）；再次，加入自变量（忘记学习、避免恶习）；最后，加入中介变量（感知能力、动态能力），分析结果见表6-19。通过模型6与模型9、模型6与模型10的对比可以看出，在加入感知能力之前，模型6的结果显示忘记学习（$\beta=0.400$，$p<0.01$）、避免恶习（$\beta=0.335$，$p<0.01$）均对企业战略转型有显著的正向影响，而在加入感知能力后，模型9的结果显示忘记学习（$\beta=0.169$，$p<0.01$）仍对企业战略转型有显著的正向影响，同时感知能力（$\beta=0.437$，$p<0.01$）也对企业战略转型存在显著的正向影响，而避免恶习对企业战略转型的影响变得不显著。因此可以得出结论：感知能力在忘记学习与企业战略转型之间起到了中介作用，而且是部分中介作用，在避免恶习与企业战略转型间起到完全中介的作用。假设9、假设11得到了数据的支持。

同理，在加入转化能力之前，模型6的结果显示忘记学习（$\beta=0.400$，$p<0.01$）、避免恶习（$\beta=0.335$，$p<0.01$）均对企业战略转型有显著的正向影响，而在加入转化能力后，模型10的结果显示忘记学习（$\beta=0.178$，$p<0.01$）、避免恶习（$\beta=0.203$，$p<0.01$）仍对企业战略转型有显著的正向影响，同时转化能力（$\beta=0.401$，$p<0.01$）也对企业战略转型存在显著的正向影响。因此，可以得出结论：转化能力在忘记学习、避免恶习与企业战略转型之间起到了中介作用，而且是部分中介作用。假设10、假设12得到了数据的支持。

4．调节效应分析

自变量与因变量关系的强弱受到变量M_o的影响，我们就称M_o是调节变量，其在两个变量间起到了调节作用。调节效应的关系模型如图6-6所示。

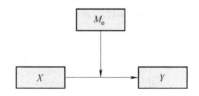

图6-6　调节效应的关系模型

根据关系模型，本研究构建了标准化的回归方程：

$$Y = aX + bM + cXM_o + e \tag{6-3}$$

式中，XM_o为自变量与调节变量的交互项。根据式（6-3）及问卷调查数据，本研究首先运用SPSS 22.0对系数c的值及其显著性进行计算，其次根据主效应及调节效应值的正负关系，来检验调节变量对自变量与因变量关系的影响。检验标准如下：当主效应为正、调节效应为正时，调节变量正向增强自变量与因变量间的关系；当主效应为正、调节效应为负时，调节变量正向削弱自变量与因变量间的关系；当主效应为负、调节效应为正时，调节变量负向削弱自变量与因变量间的关系；当主效应为负、调节效应为负时，调节变量负向增强自变量与因变量间的关系。

假设 13 提出环境动态性在感知能力与企业战略转型之间起到正向调节作用。为了验证这一假设，本研究首先将企业战略转型设为因变量，其次依次引入控制变量（企业年龄、企业规模）、自变量（感知能力）和调节变量（环境动态性），最后加入自变量和调节变量的乘积项。为了消除变量间的共线性，在构造自变量和调节变量的乘积项时，本研究分别对自变量和调节变量进行了标准化处理。回归分析结果见表 6-20 的模型 4。模型 4 反映了感知能力与环境动态性交互项对企业战略转型的影响，模型 4 整体效果的 F 值（$F=40.153**$，$p<0.01$）十分显著，这表明模型具有较好的解释力度。模型 4 的回归分析结果显示，感知能力与环境动态性的交互项会对企业战略转型产生显著的正向影响（$\beta=0.28$，$p<0.01$），因此假设 13 得到了验证。本研究分别以高于均值 1 个标准差和低于均值 1 个标准差为基准，描绘了不同强度的环境动态性下感知能力对企业战略转型的影响水平的差异，如图 6-7 所示。其中，实线表示环境动态性较强的情况下，感知能力对企业战略转型的影响水平。

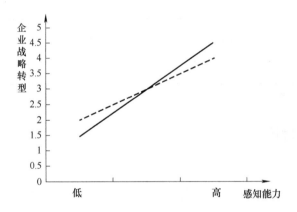

图 6-7 不同强度的环境动态性下感知能力对企业战略转型的影响

假设 14 提出环境动态性在转化能力与企业战略转型之间起到正向的调节作用。为了验证这一假设，本研究首先将企业战略转型设为因变量，其次依次引入控制变量（企业年龄、企业规模）、自变量（转化能力）和调节变量（环境动态性），最后加入自变量和调节变量的乘积项。为了消除变量间的共线性，在构造自变量和调节变量的乘积项时，本研究分别对自变量和调节变量进行了标准化处理。回归分析结果见表 6-20 的模型 7。模型 7 反映了感知能力与环境动态性交互项对企业战略转型的影响不显著，因此否定了假设 14。

表 6-20　动态能力与企业战略转型间的调节效应检验结果

	企业战略转型						
	模型 1	模型 2	模型 3	模型 4	模型 5	模型 6	模型 7
控制变量							
企业年龄	−0.030	−0.099	−0.073	−0.066	0.007	0.036	0.033
企业规模	0.087	0.117	0.118	0.104	0.075	0.094	0.098
自变量							
感知能力		0.621**	0.588**	0.469**			
转化能力					0.589**	0.566**	0.569*
调节变量							
环境动态性			0.141*	0.108*		0.214**	0.018
交互项							
感知能力×环境动态性				0.213**			
转化能力×环境动态性							−0.005
R^2	0.005	0.385	0.404	0.405	0.347	0.393	0.393
$\triangle R^2$	−0.180	0.382	0.397	0.395	0.344	0.386	0.383
F 值	1.220*	112.175**	60.343**	40.153**	96.324**	58.203**	38.587**

注：$n=296$；**表示 $p<0.01$，*表示 $p<0.05$。

6.4.4　结果讨论

本研究以组织忘记与企业战略转型的影响关系为核心问题，引入动态能力为中介变量，引入环境动态性，构建了组织忘记、动态能力、企业战略转型与环境动态性之间关系的概念模型，并将组织忘记分为忘记学习和避免恶习，提出了 14 个研究假设。经过问卷设计、发放与回收等过程，本研究对 296 份有效问卷进行统计分析，对提出的 14 个研究假设进行了验证。研究结果表明，共有 13 个研究假设得到支持。下面将对研究结果进行进一步的分析和讨论。

在本研究的假设中，组织忘记的两个维度忘记学习（$\beta=0.400$，$p<0.01$）、避免恶习（$\beta=0.335$，$p<0.01$）均对企业战略转型有显著的正向影响。这就说明企业对过时的知识进行忘记学习，对新的误导性知识或恶习等进行避免，这有助于企业战略转型。同时，回

第6章 组织忘记对企业战略转型影响的实证研究

归分析结果显示，忘记学习（$\beta=0.108$，$p<0.05$）、避免恶习（$\beta=0.605$，$p<0.01$）均对感知能力有显著的正向影响，忘记学习（$\beta=0.101$，$p<0.05$）、避免恶习（$\beta=0.469$，$p<0.01$）均对转化能力显著的正向影响。这就说明组织忘记对动态能力有着显著的正向作用，这也与潘安成和于水关于组织忘记是动态能力形成的基础和前提条件的研究成果相符。动态能力作为企业的一种综合应对挑战和机遇的能力，对于企业至关重要，而组织忘记可以提升企业的动态能力。本研究对于动态能力与企业战略转型之间关系的实证研究得出结论：感知能力（$\beta=0.613$，$p<0.01$）与企业战略转型间存在显著的正向影响，转化能力（$\beta=0.587$，$p<0.01$）与企业战略转型间存在显著的正向影响。这一结论也得到邓少军等和唐孝文等的证实，前者从动态能力理论的视角分析了企业战略转型的过程传导机制，指出动态能力在企业战略转型中有着积极的作用，后者从动态能力视角结合实际案例论证了企业转型过程中动态能力的促进作用。

本研究将动态能力（感知能力、转化能力）作为中介变量，忘记学习和避免恶习作为自变量，企业战略转型作为因变量，发现：感知能力、转化能力在忘记学习与企业战略转型之间起到中介作用；感知能力、转化能力在避免恶习与企业战略转型之间起到中介作用。其中：在加入感知能力之前，避免恶习（$\beta=0.335$，$p<0.01$）对企业战略转型有显著的正向影响；而在加入感知能力后，感知能力（$\beta=0.437$，$p<0.01$）也对企业战略转型有显著的正向影响；而避免恶习对企业战略转型的影响变得不显著。这表明感知能力在避免恶习与企业战略转型之间起到完全中介的作用，感知能力体现的是企业对于外界变化（如机遇、挑战等）的反应能力，而这种能力会促进企业主动避免有害知识或陋习等，进而促进自身战略转型。

本研究将环境动态性作为调节变量，探究不同动态能力维度下，环境动态性在动态能力和企业战略转型之间的影响。当感知能力、转化能力分别作为自变量时：感知能力与环境动态性的交互项对企业战略转型产生显著的正向影响（$\beta=0.28$，$p<0.01$），因此，环境动态性在感知能力与企业战略转型之间有正向的调节作用；而转化能力与环境动态性的交互项对企业战略转型没有产生显著的正向影响，因此环境动态性在转化能力与企业战略转型之间的调节作用不显著。这可能是由于转化能力与环境动态性之间的直接关系比较弱，转化能力更多的是企业自身的一种整合重构的能力，而感知能力是企业对外界变化的一种反应，相对于转化能力来说，与环境的联系更为紧密。研究结果表明，环境变化越剧烈，企业在感知能力的促进下更容易进行战略转型。

6.5 研究结论与实践启示

6.5.1 研究结论

近几年来，随着组织忘记、动态能力、企业战略转型理论研究的兴起，大量研究都集中在组织忘记的案例研究、动态能力与企业战略转型之间的影响关系上，对组织忘记的实证研究相对较少。目前，尚未发现有关组织忘记、动态能力和企业战略转型三者之间关系的专门研究，而厘清和理顺三者之间的内在逻辑关系和影响机理，无疑对指导企业战略转型实践具有重要的现实意义。本研究在现有研究成果的基础上，对组织忘记、动态能力、企业战略转型展开实证研究，得到以下结论：

1. 组织忘记对动态能力及企业战略转型均有显著的正向影响

由于组织忘记的对象不同，在现有研究的基础上，本研究将组织忘记分为忘记学习、避免恶习，深入探讨了不同维度下的组织忘记对动态能力及企业战略转型的影响关系。实证结果表明，忘记学习、避免恶习的程度越高，动态能力越强，企业的战略转型也就越容易。其中，忘记学习对企业战略转型的影响较避免恶习大，而避免恶习对动态能力（感知能力、转化能力）的正向影响较忘记学习大。

2. 动态能力与企业战略转型之间存在显著的正向关系

本研究对动态能力进行了划分，研究了感知能力、转化能力对企业战略转型的影响。实证结果表明，感知能力、转化能力对企业战略转型都有显著的正向影响。其中，感知能力对企业战略转型的正向影响较转化能力大。具有较强感知能力的企业，其动态能力也强，同时，动态能力强的企业更有竞争优势，在转型升级上也更有优势。将动态能力引入组织忘记对企业战略转型的影响的研究中，可以更好地理顺组织忘记对企业战略转型的影响机制和内在机理。组织忘记通过动态能力影响企业战略转型的路径分析，可以引导企业重视对动态能力的培育和提升，从而更好地实施战略转型。

3. 动态能力在组织忘记与企业战略转型之间起到中介作用

本研究已经证实，忘记学习、避免恶习对企业战略转型有显著的正向影响。但进一步的研究显示，忘记学习、避免恶习不仅能对企业战略转型产生直接的正向影响，还能通过动态能力（感知能力、转化能力）对企业战略转型产生间接的正向影响，动态能力在忘记学习、避免恶习与企业战略转型之间起到了中介作用。其中，对感知能力在避免恶习与企业战略转型间的中介作用进行检验时发现，避免恶习与企业战略转型的关系不显著，这说明感知能力在避免恶习与企业战略转型之间起着完全中介的作用。而感知能力在忘记学习与企业战略转型之间，转化能力在忘记学习与企业战略转型之间、在避免恶习与企业战略转型之间都起了部分调节作用。

4．环境动态性在感知能力与企业战略转型之间起到了正向的调节作用

本研究将环境动态性作为调节变量，研究了不同的外部环境下，不同动态能力类型对企业战略转型的影响。研究结果显示，环境动态性在感知能力与企业战略转型之间起到了正向的调节作用。这表明在快速多变的技术环境中，企业的感知能力相对于转化能力来说，与环境的联系更为紧密。环境动态性在感知能力与企业战略转型中的调节作用表明，环境变化得越剧烈，企业感知能力对战略转型的影响越大。而环境动态性在转化能力与企业战略转型之间的调节作用不显著，则表明转化能力对企业战略转型的影响并不随着市场动态性程度的变化而产生明显改变。

6.5.2 实践启示与管理策略

组织忘记对于企业提升动态能力，进而促进企业在不断变化的环境中的转型升级具有重要的实际效用。本研究将通过"日本家电"行业的衰落和IBM公司与时俱进的转型升级来探讨组织忘记在企业战略转型中的重要作用。

"日本家电"在过去几十年一直是全球最高端、最优秀的代名词，日本家电畅销全球，索尼、松下、夏普等日本家电企业誉满全世界。然而，在近些年来日本家电企业却多陷入亏损潮。本研究通过分析相关行业资料发现，排除日本家电企业较高的生产、研发费用所造成的亏损外，日本家电企业在管理和技术方面的固步自封是亏损的重要原因。在技术上，不可否认，日本家电一直掌握着核心技术，但是，随着全球进入移动互联的智能化时代，当韩国、中国的一些家电企业纷纷生产"智能电视"等时，日本家电企业却鲜少生产研发这种"智能电视"等，仍然固守原有技术，因此在这股智能化浪潮中落伍了。韩国的家电企业积极引进新技术，紧跟世界的潮流，坚持不断学习，将日本家电企业甩在了身后。日本家电企业不愿意去改变、去抛弃，这影响了其在智能化时代的战略转型。日本家电企业守旧的管理模式，比如依然采取终生聘用制度、严格的职业晋升路

径，也阻碍了优秀人才脱颖而出。可见，日本家电企业在技术和管理两个方面由于过去的成功而积累了大量的知识资源等，但是不会也不愿意去忘记那些过时的知识资源导致其跟不上时代的发展。

IBM 成立于 1914 年，100 多年来 IBM 的业务发展历程从螺丝钉、键盘、内存到个人计算机，再到现在专注于软件和服务。这样的发展历程其实就是一个不断转型升级的过程。而且 IBM 每次转型都有很强的预见性，如当年在个人计算机业务还不错的时候就将其卖给联想集团而转型为纯粹的服务型公司，又如，IBM 很早之前就开始着手实施云服务，其提出的智慧星球战略、构建地球云等都是快人一步的体现。为什么 IBM 能够多次实施成功的转型？本研究发现，IBM 在发展中积累了大量的资源，IBM 会根据环境的变化，审视这些资源，如果发现与公司发展方向不一致的资源，就会果断予以抛弃。如：IBM 始终在不断剥离能够为公司带来利润但利润率稍低的产业；IBM 会不断改变公司的组织架构，不断提高公司的执行力，提升沟通效率。可见，企业对于过时的知识，如惯例等的忘记能够使自己永葆活力。

以上两个小案例，可以说明组织忘记对于企业转型的重要意义，所以本研究的结论也可以向企业界推广。针对如何加强企业的组织忘记以提升其动态能力，促进企业战略转型的问题，本研究提供的策略如下：企业高层管理者要经常举行讨论会，调整企业的管理模式；企业要经常检查工作流程，剔除不合理的环节，不断优化企业的运行流程；企业要经常反思，自我批评，勇于改进；对失去价值的知识进行阶段性的处理和销毁，使企业的记忆系统保持一定的容量以吸收新的有用的知识；企业要鼓励员工相互监督、提醒，不要陷入以前的错误工作方法中；企业要根据自身的发展需要，制订有效的培训和学习计划；企业要根据自身的发展需要，引进与企业相适应的管理工具和制定新的管理流程；企业各个专业部门之间需要经常进行技术交流，以不断促进新技术的应用和旧技术的淘汰；积极学习并应用新技术。

6.6 本章小结

本章基于组织忘记理论和企业战略转型等相关理论，围绕组织忘记如何影响企业战略转型这一核心问题，引入动态能力作为中介变量，并引入环境动态性作为动态能力和

第6章 组织忘记对企业战略转型影响的实证研究

企业战略转型之间的调节变量,构建了组织忘记、动态能力、企业战略转型和环境动态性之间关系的概念模型,提出了相关假设,并基于 296 份有效样本数据,运用多元回归分析等方法进行了统计分析,对概念模型和研究假设进行了实证检验。本研究得出了以下结论:①组织忘记对动态能力及企业战略转型均有显著的正向影响;②动态能力对企业战略转型有显著的正向影响;③动态能力在组织忘记与企业战略转型之间起到中介作用;④环境动态性在感知能力与企业战略转型之间起到了正向的调节作用。

第 7 章
新常态下企业战略转型的策略研究及应用

由本研究的实证结果可以看出,组织忘记对企业战略转型有显著的正向影响,因此本研究认为,在组织内部大力推进组织忘记行为,构建"忘记型组织"是促进企业战略转型的有效策略。

"忘记型组织"(unlearning organization)是学者们在研究企业创新的过程中提出来的,指的是能够主动促进组织忘记,并创造一种组织氛围,使得创新能够繁荣发展的组织(Sherwood,2000)。Csikszentmihalyi(1997)指出,虽然组织是由个人组成的,组织的创新依赖于个人的创新,但与尝试让个人进行创新性的思考相比,通过改变组织环境促进创新会更有效。那么如何创造利于创新的组织?自 20 世纪 90 年代 Senge 提出组织学习的概念以来,"学习型组织"得到了极大的关注,但 Buchen(1999)指出,学习型组织强调在原有的逻辑基础上思考,关注问题解决式的学习(problem-solving learning),从而阻碍了创新的产生。有些公司坚守传统业务,拒绝改变,最终破产;一些公司坚守原有的商业模式,导致其业绩下滑。这些都说明了在不断变化的环境中固守已有的思维逻辑、惯例和价值观会使组织陷入危险的境地。因此,组织需要打破原有的思维方式和逻辑认知,由"学习型组织"进化为"忘记型组织",这样才能更好地促进创新和转型。

根据本研究对组织忘记形成机理的研究成果,组织忘记包含了个人和组织两个层面,组织层面的忘记和个人层面的忘记主要通过高层领导建立价值观—创建学习社区—教育培训措施等方面进行联系。本研究的实证研究结果表明,变革型领导行为、组织创新文化、扁平化组织结构、组织激励对组织忘记具有比较显著的影响,而变革型领导行为又对组织创新文化、扁平化组织结构、组织激励有显著正向影响,组织创新文化对组织激励也存在着正向影响。因此,综合已有研究,本研究认为,要提升组织忘记能力、构建"忘记型组织"需要从优化领导方式、建立创新型企业文化、建立良好的激励机制、建立扁平化组织结构、创建学习社区和强化教育培训几个方面入手。

7.1 基于"忘记型组织"的转型策略研究

7.1.1 优化领导方式

本研究发现，领导行为可以通过影响组织文化、组织结构而影响组织内部知识的接受程度和忘记效果。为了提升组织忘记能力，领导要根据组织自身发展的特点调整自己的领导行为方式，多采用变革型领导行为。

学术界普遍接受 Avolio 等（1999）的观点，认为变革型领导主要从领导魅力、感召力、智力激励及个性化关怀四个方面对员工和组织产生影响。如国外学者 Burns（1978）指出，变革型领导首先自身具有"思变"的信念和价值观，并且领导的这种特性能够广泛影响组织内其他员工，从而调动员工的工作积极性，使得领导与员工之间达到互相激励和促进的效果；Friedman 和 Langbert（2000）认为变革型领导通过向员工描绘和构建美好的组织愿景来实现对员工的领导；Wilmore 和 Thomas（2001）提出变革型领导提倡员工形成批判性思维，鼓励他们不断拓展专业知识，提升专业能力，并积极进行变革。

领导作为组织的核心角色，必然会在组织的各个方面都起到重要的引领作用，变革型领导在知识管理层面的作用尤为突出。首先，变革型领导在很大程度上是组织的知识领袖，很多组织的领导对组织的知识体系构建都发挥决定性作用（Nystrom et al., 1984）。其次，变革型领导对知识创新具有前瞻性，善于发现旧知识的缺点与不足以及新知识的优势，支持知识交流，能够增加新旧知识碰撞的机会，消除陈旧知识造成的障碍，并能够做到知识体系中新旧知识快速转换的平衡，因此变革型领导更具备创新和变革的能力和条件（Cegarra-Navarro et al., 2005；Pighin et al., 2011）。最后，变革型领导通过灌输组织愿景，以自身魅力作为引导，以及对员工的行为给予引导和个性化关怀，可以带动整个组织进行知识结构的变革与整顿，促进组织忘记的形成。变革型领导对组织忘记的强调与重视，自然会触发整个组织的组织忘记的高潮。

在个体忘记层面，组织在建立"忘记型组织"的过程中，必然会对原有的知识进行吐故纳新，但是由于之前存在于组织中的文化、规章、制度、规则和价值观念等传统知识在组织成员心中已经达成认同并且根深蒂固，所以组织内的成员可能会对新知识产生抵触心理。变革型领导可以通过与组织成员分享，发挥"组织忘记"的必要性及其可能产生的对于组织及组织成员的积极作用，描绘出富有吸引力的未来蓝图及美好愿景，发挥魅力型领导所具有的强大的感召力,从而激发组织成员的工作热情和积极性,减弱他们对于建立"忘记型组织"的反感情绪。另外,变革型领导也可以通过智力激励鼓励组织成员跳出传统的思维模式,不断挑战现状,挑战自己,激发他们对于创新的追求,进而对组织原有知识提出质疑和询问,加快"忘记型组织"的建立。变革型领导的个性化关怀能够缓解组织成员对于组织变革的焦躁,使他们用相对平和的心态看待组织忘记,从而为组织忘记提供支持性的环境氛围。

综上所述,变革型领导可以凭借自身领导魅力影响组织成员的价值观和行为,通过大力支持组织成员大胆进行创新活动,鼓励组织成员形成勇于质疑、敢于挑战的批判性思维,为建立"忘记型组织"打下坚实的基础;变革型领导还可以通过向组织成员描述组织的宏伟愿景,激发他们的主动性和创造力,同时给予他们适当的关心和支持,与组织成员保持双向沟通,促进组织成员对新的组织知识和理念的理解和认同,进而产生有利于组织忘记的行为。因此,在组织的运行过程中,变革型领导要对改革与创新显示出开放和包容的心智,抵制按部就班和墨守成规的运营模式,倡导组织成员跳出传统,勇于质疑。变革型领导要鼓励组织成员积极地互相交流彼此的知识经验,以学习的态度对待身边的事物。变革型领导应该注重对创新文化的培养以及充分的授权,充分给予组织成员实现新知识、新技术、新想法的环境与条件,对组织内的创新行为以及挑战性行为要给予激励。变革型领导应积极参与到组织学习当中去,培育浓厚的组织学习氛围,以身作则并向组织成员传递组织忘记的重要性和有效途径,进而提升组织整体的组织忘记的效果。

7.1.2 建立创新型企业文化

2006年TCL陷入巨大困境之时,TCL在集团内部论坛上发表了"鹰的重生"的系列文章,开展"鹰之重生"活动并举行"延安之行",在集团内部烙下"鹰"的文化。一篇文章中这样写道:"鹰是世界上寿命最长的鸟类,它一生的年龄可达70岁。要活那么长的寿命,它在40岁时就必须做出困难却重要的决定。这时,它的喙变得又长又弯,几乎碰到胸脯;它的爪子开始老化,无法有效地捕捉猎物;它的羽毛长得又浓又厚,翅膀变得十分沉重,使得飞翔十分吃力。此时的鹰只有两种选择,要么等死,要么经过一个十分痛苦的更新过程——150天漫长的蜕变。它必须很努力地飞到山顶,在悬崖上筑巢,并停留在那里不得飞翔。鹰首先用它的喙击打岩石,直到其完全脱落,然后静静地等待新的喙长出来。鹰会用新长出的喙把爪子上老化的趾甲一根一根拔掉,鲜血一滴滴洒落。当新的趾甲长出来后,鹰便用新的趾甲把身上的羽毛一根根拔掉。五个月以后,新的羽毛长出来了，鹰开始重新飞翔，重新再度过 30 年的岁月！"在 TCL 的转型过程中，正是这种雄鹰重生的精神鼓舞着全体员工奋力拼搏、变革求生，可见文化在企业战略转型中发挥着巨大作用。

组织创新文化是一种尽可能地激励组织成员去进行创新活动的文化，其核心内容之一是激励探索（Kuczmarski，1996）。首先，作为组织特性的重要指标，组织文化更加强调培养与组织长期发展相吻合的理念。组织文化能够鼓励组织成员相互学习和大胆忘记旧知识以适应变化，能为组织营造有利于组织学习和组织忘记的环境和条件，通过政策响应和制度支持，引导组织进行创新性学习和组织忘记。组织创新文化能够使组织成员相信创造力、敢于尝试挑战新鲜事物，坚定使组织不断进步的核心理念，从而提高创新文化下对组织忘记的重视程度和优先级别（陈春花 等，2006）。创新文化中的组织成员往往更倾向于追求未知，新鲜感和好奇心驱使其持续尝试、吸收新知识。组织忘记和组织学习相辅相成，自然促进组织忘记的形成。其次，组织创新文化能够加深组织成员对组织忘记影响力的理解和思考，为组织忘记的形成和实施提供坚实的保障。一个具备创新文化的组织，其内部成员通常会被鼓励去质疑传统的学习体制，挑战传统的学习理念，冲出传统思维的束缚，主动地忘记组织内过时的知识。忘记学习要求改变组织内整体的思维模式以及由此导致的行为模式，忘记组织中陈旧的、过时的观点、管理和方法等，清除掉老旧的思维和行为习惯等。而创新意味着要重新审视之前和现在的知识体系、管理构架和制度流程等各个方面，并针对现有模式的不足采取调整和摒弃措施，再对所探索到的新内容进行综合筛选并融合到原有体系中去，这一过程本身就是组织忘记的产生过程。在拥有良好创新文化的组织中，组织成员往往具有对新知识的更敏锐的洞察力，在学习方法和工作方式上往往更容易开辟新途径，在组织管理和技术改进方面往往会迸发出新的想法和见解。最后，组织忘记能否取得效果，在很大程度上取决于组织的文化状态。很多组织将组织文化视为组织的灵魂。能够真正感染组织成员的组织创新文化才是组织所需要和期望的优势文化。良好的创新文化能够引导和激励组织成员与组织同呼吸、共命运，在这种优势文化的带动下，组织成员更容易进入积极的工作状态，配合组织自上而下进行忘记和转型；反之，组织成员的工作激情将会降低。组织文化对组织成员的心理和行为均会产生深远的影响，优质的组织文化能够增强组织的凝聚力，使组织成员团结向上，为共同的组织目标而努力。

塑造组织创新文化，就是高层管理者通过创新远景的塑造，以及日常经营理念的渗透，改变传统经营模式中员工被动执行的角色，让全体员工成为创新的实践者，让员工共同为未来的机会而竞争，支持员工创新化的主动精神，并确保他们的创新能力得到发挥。具体来说，可以从各层级管理者的角色转变做起。基层管理者，要实现从经营实践者到有进取心的创业者的角色转变：在基层通过集中提高生产力、提高创新性和增长率来提高业绩水平；为组织创造和追求新的增长基点，吸引和开拓人力资源，提升员工技能，在部门中负责经营水平的持续提升。中层管理者，要实现从行政管理者到支持型教练的转变：提供支持、促进、协作，将组织优势带给独立的基层经营单位；提高员工素质并支持他们的实践，将各部门分散的知识技能及良好的做法联系起来，消除长期目标和短期目标之间的压力。高层管理者，要实现从资源分配者到创新领导者的角色转变：在组织全体员工中创建和融入一种发展方向、承诺和挑战精神，挑战旧有观念，同时创立一种自我拓展的机会视野及业绩标准；形成一套能支持协作和信任的观念和价值体系，创立一个贯穿组织的目标和志向。通过强化组织的规章制度，规范创新层面的制度保护，积极正面地引导创新的发展，从而提高组织忘记的效力。营造健康的创新文化氛围，实现组织内部积极合作，尊重创新成果。提倡参与式、共享式的工作环境，这样的工作环境可以通过员工之间相互交流所产生的信息和知识增值而大大提升创新的可能性。要为创新文化缔造良好的舆论环境，使得创新能够在一个绿色、健康、可持续的土壤里生长。

7.1.3 建立良好的激励机制

激励指的是组织向其成员提供的有形激励因素和无形激励因素，这些激励因素能够激发、保持以及规范组织成员的各种行为，从而达到组织目标的有效实现（刘枭，2011）。

组织的激励制度在很大程度上影响着组织成员的学习态度和工作激情。组织激励能够为组织提供一个良好的学习环境，使组织成员能够不断地在日常工作中反思组织中的旧知识及惯例，不断地超越自己的惯常行为习惯，不断地超越思维的定式，从而不断完善组织的知识结构和认知模式。因此，组织激励常常成为激发组织成员的工作动机，促使组织成员产生主动学习忘记意愿的原动力（曹丹，2007）。持续稳定的组织激励在维持了组织成员的工作满意度和自身需求之外，会形成组织成员更高层次的学习追求。组织激励是调整知识管理，改善知识结构的主要动力。给予组织成员完善合理的激励，可以促进他们积极思考组织的知识架构以及管理，从而使他们发现原有知识体系中存在的缺陷，更愿意大胆创新；组织激励对整个组织的知识革新有着显著的促进作用，能够有效提升组织的知识学习水平和忘记水平（Laguë et al., 2014）。因此，管理者必须通过跟踪和激励使个体进行主动忘记，使个体与其他成员进行知识分享，使知识传播得更加迅速，以产生更大规模的流动，提高知识的利用率，进而实现知识变革的快速转换。合理高效的组织激励，可以使组织成员更好地掌握组织知识的动态性，从而更好地促进组织忘记（陈春花 等，2006）。

良好的激励制度能够促进组织内部知识的流动，提高组织知识、技术和管理方式的更新速度，增强组织的学习柔性，进而提升组织忘记能力。组织可根据自身的条件和特点，采取灵活的组织激励措施，激发起组织成员共同建立"忘记型"组织的热情。

具体可首先从领导方式入手，采用尊重激励法，充分尊重员工，让每一位员工都能感觉到自己在组织中是有所作为的，是能得到组织肯定的。管理者对员工要礼貌、客气，避免使用命令式的说话方式，不嘲笑、不轻视员工，尊重员工的人格、才能和劳动成果，认真听取员工的建议，发自内心地尊重每一位员工，把每一位员工都看作合作伙伴，让员工感到自己对组织的重要性。

其次，通过形成"共识、共担、共创、共享"的理念，激发全体员工的参与意识。参与意识是满足员工实现自我价值需要的表现。"共识"就是战略共识，组织上下要有共同的使命和价值观；"共担"，就是全体员工共担风险，共担治理责任；"共创"，即真正形成"价值创造—价值评估—价值分配"的循环；"共享"不仅是利益分享，还是信息与知识共享、资源与智慧共享，真正形成良性的生态环境共享体系。通过共同理念的塑造，让员工明白组织的目标，并为他们献计献策提供机会，满足员工实现自我价值的需要，给员工提供一个舞台，让他们调用自己的全部智商，激发他们创造性思维的火花，使他们提出许许多多不寻常的建言和有价值的建议。集思广益的结果，将使决策更科学、更完善、更可行，最终更有益于组织忘记和学习。

最后，基于赫茨伯格的双因素激励理论，做好原有的保障措施，构建薪酬定期增长与知识创新贡献奖金相结合的薪酬激励体系，增强组织成员对组织学习的满意度。建立轮岗制度，提升组织成员对学习的新鲜感，促进组织内部的知识传递，同时给予公平合理的晋升机会，从而使组织学习和组织忘记在激励的保障和促进下高效地开展。

7.1.4 建立扁平化组织结构

扁平化组织结构是指管理层级少而管理幅度大的一种组织结构形态，是在科层制组织结构基础上，以信息为中心，减少中间管理层，最大限度地缩小决策层及运作层的距离，压缩职能机构，拓宽组织管理幅度和扩大组织管理跨度，具有紧凑、高效而富有弹性的特点（陈福亮，2011）。扁平化组织结构有利于"忘记型组织"的构建。

首先，扁平化组织由于结构简练，拉近了各个层级之间的距离，上下级之间、各部门之间及与外界环境之间的信息交流变得方便、快捷，信息纵向流动快，管理费用低，组织内部的知识流、信息流等更为通畅，组织更加敏捷并且更具有活力。组织中出现的问题和矛盾也会暴露得更为充分和及时，上层领导很容易听到下层员工的忘记建议，从而创造出更多组织忘记的实施机会。这样，组织自然会更容易发现组织现存的缺点和不足，并且迅速探寻新的补救方案，有效地防止知识信息拥堵，避免造成信息失真、知识失效等严重后果。

其次，扁平化组织由于管理幅度较大，被管理者有较大的自主权、积极性和满足感。扁平化组织充分分权的结构特征有利于减小组织知识体系的调整压力，以及解决组织管理不平衡的问题，有利于组织成员自我实现需要的满足，从而激发其个人学习的积极性、主动性和创造性，使其能够对无用的传统惯例大胆地表达出忘记的勇气。

最后，扁平化组织充分的分权使组织更加包容和开放，进而形成知识体系中的百家争鸣，充分激发组织知识的活性，增强组织学习的前瞻性和创新性。忘记学习就是指组织及时、主动地忘记已有的由于时间、环境等原因可能已经不适合的知识。主动忘记的这一过程，对于组织的记忆系统来说是释放空间的过程，而这一过程很大程度上归功于知识流动性的提高，知识空间的释放有利于组织更快地、更好地接受新的知识。

扁平化的组织结构能够提升组织对知识信息的敏感度以及增强组织学习应变能力和适应能力。建立扁平化组织，可从以下几个方面入手：第一，需要提高组织成员的整体素质，无论是管理者还是被管理者，扁平化的组织结构要求组织成员能够明确组织的整体目标和发展方向；第二，只有管理者的合理分权与被管理者的充分用权相结合，才能使组织知识在组织内部畅通无阻地流动，有效防止组织知识结构的僵化和埋没；第三，可基于组织自身特点对业务流程进行重组，删除传统结构模式下存在的许多缺少学习价值的冗余结构，使得组织学习的运作能够轻装上阵，不必被烦琐的流程所束缚，如此一来，组织忘记的效率将会进一步提升。

7.1.5 创建学习社区

在个人忘记过程中，初期往往会产生焦虑、受挫、烦躁等负面情绪，因此，创建在线或线下学习社区，加强组织成员之间的交流和互助，并辅以相应的教育培训手段，能够很好地缓解负面情绪，促进知识共享，促进个人忘记的顺利进行。

对于学习社区，学者们有不同的定义。Brown 和 Campione（1990）将学习社区定义为由个体组成的小组，小组成员经常讨论，以构建和提高共同知识。Hord（2008）认为学习社区是由不同个体组成的，有共同目的和凝聚力的小组，组内成员为了实现学习目标而互相支持。尽管学者们的定义有所不同，但也有其共同点：①学习社区的参与者有学习者、同伴和个体。②建立学习社区的意图或目的是表达观点和期望或进行知识建构。③学习社区会按照一定的日程开展活动，进行小组讨论，组内成员互相支持、获取知识。因此，本研究所指的学习社区是指组织中由学习者及其助学者（包括领导、专家等）共同构成的团体，他们经常在学习过程中沟通、交流，分享各种学习资源，共同完成一定的学习任务，因而成员之间形成了相互影响、相互促进的人际联系。综合各个特质，总体来说组织的学习社区是基于组织内部人才培养，专注组织专业内容分享研讨的全员学习交流区，它的边界是封闭的，只适用于组织内部的分享和研讨，特别是组织内部重要的知识和技术的分享和研讨，对知识的安全性和保密性有着绝对的要求。

学习社区的精髓在于"学习"，因此，要强化终身学习意识，既要知识化，又要专业化，培养学习型管理者和学习者。组织成员应主动学习、超前学习、终身学习，把学习作为一种精神追求、一种生活态度、一种工作责任。将"充电"和"放电"结合起来，用工作效果检验学习成果，不断加强员工思考力的培养，坚持学有所思、思有所得，要求员工思考工作中出现的问题，透过现象挖掘内在的本质，在思考中逐步完善自己，提高工作能力和水平。

组织在建立学习社区时，首先管理者和社区参与者都应该明确社区的建立目标，以便导入合适的在线学习社区平台，保证和落实学习社区能够真正发挥作用，组织可以建立相应的规则或制度，可以将组织成员参与学习社区活动与绩效相结合，在制度中予以详细阐述和说明，使他们清楚如何利用学习社区提升知识技能和分享知识。其次，学习社区需要有专人负责，大型组织可以考虑专人专岗来负责学习社区的运营，或者外包给专业第三方公司运营管理；中小组织则可以考虑选聘内部兼职人员来运营和管理学习社区。社区运营者要善用素材来选择内容，起到抛砖引玉的作用，定期对学习社区的知识进行归类和梳理。再次，要努力让组织成员产生对学习社区的认同，直至信任和承诺。具体可关注每个登录者和发言者，不断发现社区的成果，及时总结和分享；不断发现问题，随时解决；通过虚拟的身份等级、荣誉、积分等功能，促进和提升参与者的信任和承诺。最后，在学习社区中创建安全的人际关系，建立分享的文化。鼓励组织成员学习，在社区外通过邮件、微博等交流，还可尝试将实体活动与虚拟活动相结合，适时开展线下活动。培训部门可将学习社区与面授培训有机结合，通过学习社区延伸面授培训的学习内容，既能弥补课堂培训的不足，又为学习者提供了更多的分享机会。

7.1.6 强化教育培训

教育培训是指在一定时期内对组织成员的工作技能、工作态度、工作价值观、知识进行系统性、计划性的培养与训练，调动他们的积极性与主动性，使得他们能在工作中发挥极大的潜力，提高个人的业绩与素质，促使组织与个人不断进步与发展。

为建立"忘记型组织"，组织可采用讲座、培训等方式，更好地解决组织成员的动机、心态、心智模式、情商、意志、潜能等一系列心理、行为问题，使其心态得到调适、心态模式得到改善、意志品质得到提升、潜能得到开发。首先对组织成员进行心态培训，帮助他们拓展观念、调适心态，建立有助于实现目标、取得成功的态度。心态调适和训练的方向就是心态积极、平衡，保持愉快的心境。其次，通过教育培训改变组织成员的心智模式。心智模式是深植于人的内心的想法、看法、假设等，它不仅左右人的思想和对周围世界的认识，影响人的决策，也影响人对工作、学习和生活的态度，影响人处理人际关系问题的准则，影响人的行为方式和行为习惯。心智模式的形成受人所经历的环境、人的性格、人的智商和情商的影响，并要经历漫长的过程，是人的思想方法、思维习惯、思维风格和心理素质的反映。建立"忘记型组织"，必然会对组织原有的知识进行吐故纳新，但是由于已存在于组织中的文化、规章、制度、规则和价值观念等在组织成员心中已经被认同并且根深蒂固，所以组织成员可能会对新知识产生抵触心理。组织通过教育培训使组织成员深刻理解进行"组织忘记"的必要性及其可能产生的对于组织及组织成员的积极作用，激发组织成员的变革热情和积极性，加快"忘记型组织"的建立。

在教育培训方式方面，当前移动学习已成为增幅最快的培训方式，具有方式灵活、主动性强、时间弹性强的优势，因此，组织可加快网络培训学院的普及和完善，面向全员全面开放网络培训学院，让全员享受移动学习的便捷、高效。学员可随时登录组织的网络培训学院，利用业余时间自学，在保障完成正常工作的前提下，也可利用工作时间进行网络课程的学习。在思路设计上，首先，由于传统说教式培训方式非常低效，因此可考虑以分区域、分项目、分组的形式，每个月由总部的人力资源部门制定一个主题，抛弃传统的培训讲师讲课模式，由组织成员担任讲师向其他人讲授，并讨论分享，确保组织成员真正有所收获。其次，可为组织成员量身定制组织高层管理者的"面对面"式的经验传授课程。如由公司总裁进行组织理论课程的讲授，人力资源总监进行管理沟通课程的讲授等。这种方式将实战经验融入讲授的过程中，实用性强，针对性强。最后，充分利用内部交流学习平台，不同的工作职能团队采用不同的培训方法，如：营销团队的培训可由业绩突出的营销团队到其他营销团队现场传授经验；成本控制团队的培训可将优秀团队的经验总结成案例，定期在其他成本控制团队中分享；设计团队的培训采用研讨式沙龙的形式，定期由一位设计师进行专业的前沿设计理念的分享。

7.2 本章小结

本章综合已有研究，从优化领导方式、建立创新型企业文化、建立良好的激励机制、组织结构扁平化、创建学习社区和强化教育培训几个方面提出了通过建立"忘记型组织"促进企业战略转型的策略。

第 8 章

总结和研究展望

8.1 主要工作总结

本研究综合组织忘记、动态能力、战略转型和企业创新等基础理论，探索了组织忘记形成机理、组织忘记关键影响因素，以及组织忘记对企业战略转型的影响机理，并在此基础上提出了通过建立"忘记型组织"促进我国企业战略转型的创新的策略。纵览本研究全部内容：以逐层递进的结构，逐步开展了新常态下企业战略转型的内涵和测度研究、组织忘记的影响机理研究、组织忘记的关键影响因素研究、组织忘记对企业战略转型的影响研究，以及新常态下企业战略转型的策略研究。本研究的目的在于：在理论上，能够明晰组织忘记的形成机理及对企业战略转型的影响机理；在实践上，为新常态下企业战略转型提供新的思路和方法。本研究主要包含以下工作：

1）进行了新常态下企业战略转型的内涵和测度研究，设计开发了适合新常态背景的我国本土化的企业战略转型的测量量表。

首先，通过文献分析和企业实地调研，深入分析了新常态下组织外部环境的变化，在此基础上，归纳总结了新常态下企业战略转型的内涵和特征：新常态下企业战略转型即在当前我国经济形势之下，企业面对动态和不确定的市场环境变化，通过识别外部环境的变化适时调整自身的发展步伐，以企业内部资源和能力的积累与合理配置为支撑，通过战略创新、技术创新以及经营模式创新等推动企业转型变革，进而实现企业战略（与愿景）、组织结构、企业文化、组织活动、组织人员等的相继变化，以重新构建企业的核心竞争力，与新的环境达成新的适应和平衡的过程。

其次，从战略转型过程决策和实施两个阶段出发，结合战略转型和我国经济新常态的双重创新特征，同时基于已有相关研究成果，将新常态下企业战略转型划分为创新导向、战略转型决策和战略转型实施三个维度。

最后，结合国内外已有的研究成果，遵循"演绎法"的量表开发方法，设计开发了适合新常态下我国本土化的包含11个题项的企业战略转型的测量量表，运用实证研究的方法，对量表进行了信度和效度分析，验证了量表的合理性和科学性。

2）进行了组织忘记的形成机理研究。

首先，对定量和定性研究方法进行比较分析，根据本研究的特点，最终选择定性研究方法，采用探索性案例研究，结合扎根理论对组织忘记的机理进行研究。

其次，采用目的性抽样方法，选取了陕鼓动力、TCL、西拓电气、柳工集团和宗申集团五家典型企业，通过实地调研、深度访谈和各种渠道，收集了丰富且翔实的一二手资料。

最后，以扎根理论为工具对原始资料逐一进行了开放性编码、主轴编码和选择性编码，通过完整且系统化的分析，提炼出组织忘记形成机理模型以及影响因素，深入分析了个人层面忘记的过程和组织层面忘记的过程，以及个人层面和组织层面忘记的联系机制，从而揭示了组织内部组织忘记的形成机理。

3）进行了组织忘记的影响因素实证研究。

首先，在整理分析国内外学者对于组织忘记相关研究的基础上，结合企业访谈和调研，对组织忘记的影响因素进行归类、汇总，提取了在转型背景下组织忘记的四个关键影响因素：组织创新文化、扁平化组织结构、组织激励和变革型领导行为。

其次，分析了各关键影响因素对组织忘记的影响，以及各个影响因素之间的关系，建立了组织忘记关键影响因素概念模型并提出了相应的假设。设计调查问卷，发放并回收了296份有效问卷。

最后，利用 SPSS 22.0 与 AMOS 22.0 对问卷数据进行了信度分析、效度分析、相关分析和结构方程模型的检验，得出相应结论：组织创新文化只对忘记学习有显著的正向影响；变革型领导行为、组织激励和扁平化组织结构对忘记学习和避免恶习均有显著的正向影响；变革型领导行为对组织创新文化、组织激励和扁平化组织结构有显著的正向影响；组织创新文化对组织激励有显著的正向影响。

4）进行了组织忘记对企业战略转型影响的实证研究。

首先，在整理分析国内外学者对于组织忘记、动态能力和企业战略转型相关研究的基础上，结合企业访谈和调研，引入动态能力作为中介变量，环境动态性作为动态能力和企业战略转型关系间的调节变量，建立了组织忘记、动态能力和企业战略转型之间关系的概念模型并提出了相应的假设。

其次，针对回收的 296 份有效问卷，利用 SPSS 22.0 与 AMOS 22.0 对问卷数据进行了信度分析、效度分析、相关分析和多元回归分析。

最后，对假设进行验证，并得到以下结论：组织忘记对动态能力及企业战略转型均有显著的正向影响；动态能力与企业战略转型之间存在显著的正向关系；动态能力在组织忘记与企业战略转型之间起到中介作用；环境动态性在感知能力与企业战略转型之间起到了正向的调节作用。

5）完成了新常态下企业战略转型的策略研究。

在组织忘记形成机理和关键影响因素研究、组织忘记对企业战略转型影响研究的基础上，本研究提出了新常态下企业战略转型的策略。本研究建议，应当从优化领导方式、建立创新型企业文化、建立良好的激励机制、组织结构扁平化、创建学习社区和强化教育培训几个方面入手，通过建立"忘记型组织"促进企业战略转型。

8.2 研究展望

新常态下组织忘记对企业战略转型的影响研究是一项全新而又复杂的研究课题。尽管本研究对组织忘记的形成机理和组织忘记对企业战略转型的影响路径展开了较为系统的研究，取得了一定的研究成果，但由于水平及时间限制，尚有一些问题有待进一步解决，主要包括以下几个方面。

1）本研究在理论研究和实际调研的基础上，通过探索性案例研究，采用扎根理论，通过开放性编码、主轴编码和选择性编码构建了组织忘记形成机理模型。在详细的扎根分析过程中，本研究主要围绕五家典型案例企业展开，选取的企业案例虽然严格契合研究主题，并且通过多种渠道获取资料，但仍需考虑案例特殊性对研究结论造成的局限性，在以后的研究中，有必要进一步提高企业案例丰富程度，对本研究的成果进行验证。

2）本研究通过探索性案例研究，采用扎根理论总结提炼出组织忘记的四个关键影响因素，并基于大规模样本进行了实证研究。但本研究仅专注于组织忘记的内部影响因素，研究了组织创新文化、扁平化组织结构、组织激励和变革型领导行为对组织忘记的影响程度及各因素之间的关系，没有涉及社会、市场、环境等外部影响因素，后续研究可对其他相关因素进行深入探讨。

3）实证研究方面，本研究通过大规模问卷调查，研究了组织忘记对企业战略转型的影响路径，由于受到人力、物力及财力的限制，样本规模还存在一定的局限性，而且采用截面数据而不是面板数据进行实证分析所得结论可能存在误差。因此，今后可有针对性地调研更多的企业，扩大研究地域范围，开展不同区域、不同行业的比较研究，对特定地域和行业的企业战略转型开展深度研究，探索企业战略转型的其他路径，并对个别企业进行纵向跟踪研究，对变量之间的因果关系做进一步的验证。

附　录

附录 A　新常态下企业战略转型调查问卷

尊敬的女士/先生：

您好！

首先感谢您能够于百忙之中抽出时间参与本次问卷调查。本问卷是一份学术性研究问卷，旨在开发出可靠且有效的"新常态下企业战略转型"测量量表，更好地为学术研究及企业实践提供借鉴和参考。问题答案无"对/错""好/坏"之分，只需根据实际情况填写即可。

本问卷采取匿名方式填答，问卷内容不涉及贵公司的业务机密，问卷数据仅供学术研究使用，对于您所提供的资料和信息，我们将严格保密，绝不对外公开或作为其他商业用途，恳请您本着鼓励学术研究的精神，放心填写。

您宝贵而真实的意见对本研究非常重要，我们由衷感谢您的帮助与配合，如有需要，本次研究结果可以反馈给您及贵公司，感谢您的合作！

敬祝：

工作顺利、万事如意、事业兴隆！

第一部分　基本情况

本部分内容旨在了解您及贵公司的基本情况，请您根据实际情况在相应选项上打"√"或进行填写。

1. 您在贵公司的职位是（　　　）。

　　A. 高层管理者　　　B. 中层管理者　　　C. 基层管理者　　　D. 其他

2. 贵公司成立年限为（　　）。

A. 0~5 年　　　　B. 6~10 年　　　C. 11~15 年　　　D. 16 年以上

3. 贵公司员工总数为（　　）。

A. 0~50 人　　　B. 51~200 人　　C. 201~500 人　　D. 501~1000 人

E. 1000 人以上

4. 贵公司的性质为（　　）。

A. 国有及集体所有制企业　　　　　B. 私营/民营企业

C. 外资企业　　　　　　　　　　　D. 其他

5. 贵公司所属行业为（　　）。

A. 传统制造业　　B. 高新技术企业　C. 金融业　　　　D. 服务业

E. 其他行业（请注明：_____）

第二部分　新常态下企业战略转型测度

本部分内容旨在了解新常态下贵公司的战略转型情况，请您将贵公司的实际情况与下列描述进行比较，并在情况相符的选项内打"√"。

序号	企业战略转型	非常不符合	不符合	一般	符合	非常符合
1	本公司强调创新，以预测未来市场需求	1	2	3	4	5
2	本公司不断寻求新产品和新市场	1	2	3	4	5
3	本公司通常率先在市场中引入新品牌或新产品	1	2	3	4	5
4	本公司在本行业中开发和引入全新技术	1	2	3	4	5
5	本公司创造在性能上全新的产品，并在市场中销售	1	2	3	4	5
6	本公司能准确地识别转型环境	1	2	3	4	5
7	本公司能确立正确的转型定位	1	2	3	4	5
8	本公司能及时地把握转型时机	1	2	3	4	5
9	本公司对部分目标市场资源的相对投入量发生了显著变化	1	2	3	4	5
10	本公司不同产品之间的资源配置比例发生了显著变化	1	2	3	4	5
11	本公司对部分业务资源相对投入量发生了显著变化	1	2	3	4	5

——本问卷到此结束，感谢您的填答。——

附录 B 组织忘记与企业战略转型调查问卷

尊敬的女士/先生：

您好！

本次问卷旨在调查当前我国经济"新常态"下，组织忘记对企业战略转型的影响。本次问卷采用无记名方式填写，调查结果只用于科研分析，不用于任何商业用途。非常感谢您在百忙中抽出时间填写问卷，您的宝贵而真实的回答对我们的研究非常重要，由衷感谢您对我们学术研究的支持与信赖！祝您工作顺利，万事如意！

第一部分 基本数据

以下问题，是为了解贵公司的基本资料，如无特别表示，请在合意选项内打"√"即可。

1. 贵公司已成立：_____年。
2. 贵公司员工人数约_____。
   A. 100 人以下   B. 100~500 人   C. 501~1000 人   D. 1000 人以上
3. 贵公司近 3 年平均销售额为_____。
   A. 500 万元以下   B. 500 万~1000 万元
   C. 1001 万~1 亿元   D. 1 亿元以上
4. 贵公司的性质是_____。
   A. 国有企业   B. 民营企业   C. 三资企业
5. 贵公司所处的行业为_____。
   A. 制造业   B. 交通运输、仓储邮政   C. 金融业   D. 建筑业
   E. 贸易业   F. 信息传输、计算机服务和软件业   G. 房地产业
   H. 批发和零售业   I. 其他行业（请注明：_____）

第二部分 测度问卷

请判断，您是否认同下列说法，每个题目的回答选项包含依次递进的五个选项，分别代表以下含义：1. 非常不符合；2. 不符合；3. 一般符合；4. 符合；5. 非常符合。本部分共有四小部分，分别为组织忘记、动态能力、企业战略转型、环境动态性的测量题项，请您根据贵公司的实际情况在题项后面的小方框内划"√"，谢谢！

一、组织忘记测度问卷（请在与贵公司相符的数字上打"√"）

	组织忘记	非常不符合	不符合	一般	符合	非常符合
忘记学习	1. 公司高层经常举行讨论会，调整公司管理模式	1	2	3	4	5
	2. 公司经常检查工作流程，剔除不合理的环节	1	2	3	4	5
	3. 在工作经验总结会上，公司经常会批评过时的工作方式	1	2	3	4	5
	4. 公司对失去价值的知识进行阶段性的处理和销毁	1	2	3	4	5
	5. 公司鼓励员工相互监督、提醒，不要陷入以前的错误工作方法中	1	2	3	4	5
避免恶习	6. 公司会根据自身的发展需要，制订有效的培训和学习计划	1	2	3	4	5
	7. 公司会根据自身的发展需要，引进相适应的管理工具和制定新的管理流程	1	2	3	4	5
	8. 公司各个专业之间经常需要进行新技术的应用交流	1	2	3	4	5
	9. 公司鼓励大家讨论工作方法的缺点与不足，寻找更好的方法	1	2	3	4	5
	10. 公司通常是学习消化后才应用新技术的	1	2	3	4	5

二、企业战略转型测度问卷（请在与贵公司相符的数字上打"√"）

序号	企业战略转型	非常不符合	不符合	一般	符合	非常符合
1	本公司强调创新，以预测未来市场需求	1	2	3	4	5
2	本公司不断寻求新产品和新市场	1	2	3	4	5
3	本公司通常率先在市场中引入新品牌或新产品	1	2	3	4	5
4	本公司在本行业中开发和引入全新技术	1	2	3	4	5
5	本公司创造在性能上全新的产品，并在市场中销售	1	2	3	4	5
6	本公司能准确地识别转型环境	1	2	3	4	5
7	本公司能确立正确的转型定位	1	2	3	4	5
8	本公司能及时地把握转型时机	1	2	3	4	5
9	本公司对部分目标市场资源的相对投入量发生了显著变化	1	2	3	4	5
10	本公司不同产品之间的资源配置比例发生了显著变化	1	2	3	4	5
11	本公司对部分业务资源的相对投入量发生了显著变化	1	2	3	4	5

三、动态能力测度问卷（请在与贵公司相符的数字上打"√"）

动态能力		非常不符合	不符合	一般	符合	非常符合
感知能力	1. 公司能从内部研发中发现并获取新技术	1	2	3	4	5
	2. 公司能够利用外部社会的先进的科学技术	1	2	3	4	5
	3. 公司能够学到供应商等利益相关者的创新	1	2	3	4	5
	4. 公司能够识别目标市场、客户需求变化和客户方面的变革	1	2	3	4	5
转化能力	5. 面对环境变动和竞争需要，公司能够迅速从外部获取人财物等资源	1	2	3	4	5
	6. 面对环境变动和竞争需要，公司能够合理调配人财物等资源	1	2	3	4	5
	7. 面对环境变动和竞争需要，公司能够迅速调整组织结构和工作流程	1	2	3	4	5
	8. 面对环境变动和竞争需要，公司能够及时调整目标、计划	1	2	3	4	5

四、环境动态性测度问卷（请在与贵公司相符的数字上打"√"）

序号	环境动态性	非常不符合	不符合	一般	符合	非常符合
1	公司必须经常改变经营活动来保住市场	1	2	3	4	5
2	本公司产品或服务的淘汰率非常高	1	2	3	4	5
3	公司很难预测消费者的需要和嗜好	1	2	3	4	5
4	公司很难预测竞争对手的行动	1	2	3	4	5
5	本公司产品或服务的技术革新很快	1	2	3	4	5

五、组织创新文化测度问卷（请在与贵公司相符的数字上打"√"）

序号	组织创新文化	非常不符合	不符合	一般	符合	非常符合
1	公司追求持续进步	1	2	3	4	5
2	公司遵守承诺，敢于承担责任	1	2	3	4	5
3	公司全体员工拥有共同的目标和愿景	1	2	3	4	5
4	公司热衷于长期利益	1	2	3	4	5
5	公司鼓励员工在本岗位上尝试或实验工作的新思路、新观点、新方法	1	2	3	4	5

（续）

序号	组织创新文化	非常不符合	不符合	一般	符合	非常符合
6	公司鼓励对现状进行挑战	1	2	3	4	5
7	公司所有部门与市场保持密切联系	1	2	3	4	5
8	公司公开自由的沟通渠道和共享信息	1	2	3	4	5
9	公司迅速制定和实施决策	1	2	3	4	5
10	公司重视团队工作	1	2	3	4	5
11	公司里每个成功的创新都能得到奖励，都会举办庆祝活动	1	2	3	4	5
12	公司内每个员工都有创新指标，对于完不成创新指标的员工给予适当的惩罚批评	1	2	3	4	5

六、扁平化组织结构测度问卷（请在与贵公司相符的数字上打"√"）

序号	扁平化组织结构	非常不符合	不符合	一般	符合	非常符合
1	公司中高层管理者非常愿意下放权力	1	2	3	4	5
2	无论何种情况，未经上级同意，下属为完成任务使用权变方法都是被许可的	1	2	3	4	5
3	员工可以方便地见到且与领导沟通	1	2	3	4	5
4	公司领导制定的决策可以快速、准确地传达给员工，且员工的工作结果可以快速地反馈给领导	1	2	3	4	5
5	员工与员工、领导与领导之间的沟通非常频繁	1	2	3	4	5

七、组织激励测度问卷（请在与贵公司相符的数字上打"√"）

序号	组织激励	非常不符合	不符合	一般	符合	非常符合
1	我所在公司中，努力工作者会得到良好的奖励	1	2	3	4	5
2	我所在公司的薪酬较同业的薪酬高	1	2	3	4	5
3	公司会对我出色的工作效益或绩效给予奖励	1	2	3	4	5
4	公司能为我提供良好的培训与发展的机会	1	2	3	4	5
5	公司（上级）在我情绪低落时，时常鼓励我	1	2	3	4	5

八、变革型领导行为测度问卷（请在与贵公司相符的数字上打"√"）

序号	变革型领导行为	非常不符合	不符合	一般	符合	非常符合
1	公司领导让他/她的高层团队成员感觉愉快	1	2	3	4	5
2	公司领导为了企业（或集体）利益，不计较个人得失	1	2	3	4	5
3	公司领导充满激情地谈论需要完成的任务	1	2	3	4	5
4	公司领导给大家描绘鼓舞人心的未来	1	2	3	4	5
5	公司领导给大家传递一种使命感	1	2	3	4	5

——调查问卷已全部填完，感谢您的配合！——

参 考 文 献

[1] 唐孝文,刘敦虎,肖进. 动态能力视角下的战略转型过程机理研究[J]. 科研管理,2015,36(1):90-96.

[2] 查兰,韦利根,伯克. 引领转型:如何在大变革时代实现企业成功转型[M]. 杨懿梅,译. 北京:机械工业出版社,2014.

[3] 邓少军,焦豪,冯臻. 复杂动态环境下企业战略转型的过程机制研究[J]. 科研管理,2011(1):60-67;88.

[4] GREINER L, CUMMINGS T, BHAMBRI A. When new CEOs succeed and fail: 4-D theory of strategic transformation[J]. Organizational Dynamics, 2003, 32(1): 1-16.

[5] 芮明杰,胡金星,张良森. 企业战略转型中组织学习的效用分析[J]. 研究与发展管理,2005(2):99-104;118.

[6] 薛有志,周杰,初旭. 企业战略转型的概念框架:内涵、路径与模式[J]. 经济管理,2012(7):39-48.

[7] ERAKOVIC L, WILSON M. Conditions of radical transformation in state-owned enterprises[J]. 2005, 16(4): 293-313.

[8] AMIS J, SLACK T, HININGS C R. Strategic change and the role of interests, power, and organizational capacity[J]. Journal of Sport Management, 2004, 18(2): 158-198.

[9] 苏勇,李作良,马文杰. 新兴经济国家后发企业战略转型:演化路径、驱动因素:基于 HTC 的案例研究[J]. 研究与发展管理,2014(2):77-86.

[10] 项国鹏. 公司战略变革模式分析:基于知识的结构化框架[J]. 科学学与科学技术管理,2009,30(5):99-104.

[11] 韵江,陈丽. 组织学习模式与战略变革的关系研究:如何让学习促进变革[J]. 财经问题研究,2014(3):108-114.

[12] 唐健雄,李允尧,黄健柏,等. 组织学习对企业战略转型能力的影响研究[J]. 管理世界,2012(9):188-189.

[13] 潘安成,于水. 基于组织忘记的企业动态能力成因机理研究[J]. 管理学报,2009(5):648-657.

[14] HISLOP D, BOSLEY S, COOMBS C R, et al. The process of individual unlearning: a neglected topic in an under-researched field[J]. Management Learning, 2014, 45(5): 540-560.

[15] TSANG E W K, ZAHRA S A. Organizational unlearning[J]. Human Relations, 2008, 61(10): 1435-1462.

[16] CEGARRA-NAVARRO J G, SANCHEZ-VIDAL M E, CEGARRA-LEIVA D. Balancing exploration and exploitation of knowledge through an unlearning context[J]. Management Decision, 2011, 49(7): 1099-1119.

[17] CASILLAS J C, ACEDO F J, JOSÉ L B. Learning, unlearning and internationalisation: evidence from the pre-export phase[J]. International Journal of Information Management, 2010, 30(2): 162-173.

[18] CEGARRA-NAVARRO J G. An empirical investigation of organization learning through strategic alliances between SMEs [J]. Journal of Strategic Marketing, 2005, 13(1): 3-16.

[19] YANG K P, CHOU C, CHIU Y J. How unlearning affects radical innovation: the dynamics of social capital and slack resources[J]. Technological Forecasting and Social Change, 2014, 87: 152-163.

[20] CEGARRA-NAVARRO J G, SÁNCHEZ-POLO M-T. Linking the individual forgetting context with customer capital from a seller's perspective[J]. Journal of the Operational Research Society, 2008, 59(12): 1614-1623.

[21] YILDIZ H E, FEY C F. Compatibility and unlearning in knowledge transfer in mergers and acquisitions[J]. Scandinavian Journal of Management, 2010, 26(4): 448-456.

[22] WINDEKNECHT K, HYLAND P. When lifelong learning isn't enough: the importance of individual and organizational unlearning. [C]// The 3rd international lifelong learning conference. Yeppoon, Queensland, Australia: [s.n.], 2004.

[23] LAGUË É, RHAIEM K. A practical approach to organizational unlearning[J]. International Journal of Strategic Management, 2014, 14(1): 45-56.

[24] WONG P, CHEUNG S O, YIU R, et al. The unlearning dimension of organizational learning in construction projects[J]. International Journal of Project Management, 2012, 30(1): 94-104.

[25] LEE T S, SUKOCO B M. Reflexivity, stress, and unlearning in the new product development team: the moderating effect of procedural justice[J]. R & D Management, 2011, 41(4): 410-423.

[26] PIGHIN M, MARZONA A. Unlearning/Relearning in processes of business information systems innovation[J]. Journal of Information & Organizational Sciences, 2011, 35(1): 59-72.

[27] ZAHRA S A, ABDELGAWAD S G, TSANG E. Emerging multinationals venturing into developed economies: implications for learning, unlearning, and entrepreneurial capability[J]. Journal of Management Inquiry, 2011, 20(3): 323-330.

[28] BECKER K. Facilitating unlearning during implementation of new technology[J]. Journal of Organizational Change Management, 2010, 23(3): 251-268.

[29] AKGÜN A E, BYRNE J C, LYNN G S, et al. New product development in turbulent environments: impact of improvisation and unlearning on new product performance [J]. Journal of Engineering and Technology Management, 2007, 24(3): 203-230.

[30] WENSLEY A K P, CEGARRA-NAVARRO J G, MARIA-TERESA S P. An application of the hospital-in-the-home unlearning context[J]. Social Work in Health Care, 2010, 49(10): 895-918.

[31] 王向阳, 卢艳秋, 赵英鑫. 组织忘记对企业知识管理的影响机理研究[J]. 图书情报工作, 2011（12）: 88-91; 60.

[32] REBERNIK M, SIREC K. Fostering innovation by unlearning tacit knowledge [J]. Kybernetes, 2007(36):

406-419.

[33] WANG X , LU Y , ZHAO Y , et al. Organisational unlearning, organisational flexibility and innovation capability: an empirical study of SMEs in China[J]. International Journal of Technology Management, 2013, 61(2):132-155.

[34] 卢艳秋, 赵英鑫, 崔月慧, 等. 组织忘记与创新绩效: 战略柔性的中介作用[J]. 科研管理, 2014（3）: 58-65.

[35] 潘安成, 邹媛春. 组织忘记、组织学习与企业动态能力[J]. 科研管理, 2010（1）: 33-37; 45.

[36] EISENHARDT K M, MARTIN J A. Dynamic capabilities: what are they?[J]. Strategic Management Journal, 2000, 21(10/11): 1105-1121.

[37] LAWSON B , SAMSON D . Developing innovation capability in organizations: a dynamic capabilities approach [J]. International Journal of Innovation Management, 2001, 5(3): 377-400.

[38] HEDBERG B. How organization learn and unlearn[M]// NYSTROM P C, STARBUCK W H. Handbook of organization design. New York: Oxford University press,1981.

[39] NEWSTROM J W. The management of unlearning: exploding the "clean slate" fallacy[J]. Training and development journal, 1983, 37(8): 36-39.

[40] NYSTROM P C, STARBUCK W H. To avoid organizational crises, unlearn[J]. Organizational Dynamics, 1984, 12(4): 53-65.

[41] COHEN W, LEVINTHAL D. Absorptive capacity: a new perspective on learning and innovation[J]. Administrative Science Quarterly, 1990(35): 128-152.

[42] HOLAN P D, PHILLIPS N. Organizational forgetting as strategy[J]. Strategic Organization, 2004, 2(4): 423-433.

[43] BETTIS R A, PRAHALAD C K. The dominant logic: retrospective and extension[J]. Strategic Management Journal, 1995, 16(1): 5-14.

[44] ANAND V , GLICK M . An organizational memory approach to information management[J]. Academy of Management Review, 1998, 23(4): 796-809.

[45] AKGÜN E, LYNN G S, BYRNE J C. Organizational learning: a socio-cognitive framework[J]. Human Relations, 2003, 56(7): 839-868.

[46] NGUYEN N. The journey of organizational unlearning: a conversation with WILLIAM H. STARBUCK [J]. Learning Organization, 2017, 24(1): 58-66.

[47] NONAKA I. A dynamic theory of organizational knowledge creation[J]. Organization Science, 2010, 5(1): 14-37.

[48] 金智慧, 施建军. 知识管理中的主动遗忘管理与吸纳能力关系研究[J]. 科技进步与对策, 2009, 26（12）: 109-111.

[49] 何永清, 潘杰义, 龙昀光. 基于知识吸收过程的组织遗忘研究[J]. 情报理论与实践, 2018, 41（3）: 34-38.

[50] WALSH J P, UNGSON G R. Organizational memory[J]. Academy of Management Review, 1991, 16(1): 213-214.

[51] HOLAN P M D, PHILLIPS N. Remembrance of things past? The dynamics of organizational forgetting[J]. Management Science, 2004, 50(11): 1603-1613.

[52] 倪文斌，高巍，张莉. 组织遗忘模式及管理策略研究[J]. 哈尔滨工业大学学报（社会科学版），2006，8（3）：73-77.

[53] 曾俊健，陈春花，李洁芳，等. 主动组织遗忘与组织创新的关系研究[J]. 科研管理，2012(8)：128-136.

[54] STEIN E W. Organizational memory: review of concepts and recommendations for management. International journal of information management[J]. 1995, 15(1): 17-32.

[55] NICOLINI D, MEZNAR M B. The social construction of organizational learning: conceptual and practical issues in the field[J]. Human Relations, 1995, 48(7): 727-746.

[56] ANAND V. An organizational memory approach to information management[J]. Academy of Management Review, 1998, 23(4): 796-809.

[57] SHORT R R. Managing unlearning[J]. Training & Development Journal, 1981, 35(7): 37-44.

[58] 韵江，赵永德. 组织遗忘研究的进展及其未来[J]. 经济管理，2010（4）：173-179.

[59] 张西奎. 管理组织遗忘[J]. 企业管理，2005（8）：46-48.

[60] 吴欣，郭蕊. 基于知识管理的组织遗忘模式及管理策略研究[J]. 兰州学刊，2006（11）：153-155.

[61] HAMEL G, PRAHALAD C K. Competing for the future[M]. Cambridge: Cambridge University Press, 2007.

[62] KLEIN J I. Parenthetic learning in organizations: toward the unlearning of the unlearning model[J]. Journal of Management Studies, 1989, 26(3): 291-308.

[63] BECKER, KAREN. Unlearning as a driver of sustainable change and innovation: three Australian case studies[J]. International Journal of Technology Management, 2008, 42(1/2): 89-106.

[64] DUFFY F M. I think, therefore I am resistant to change[J]. Journal of Staff Development, 2003(24):30-36.

[65] 郭雯. 技术范式转变时期企业的组织学习研究[D]. 杭州：浙江大学，2003.

[66] POSTMAN L, KEPPEL G, STARK K. Unlearning as a function of the relationship between successive response classes[J]. Journal of Experimental Psychology, 1965, 69(2): 111-118.

[67] POSTMAN L, UNDERWOOD B J. Critical issues in interference theory[J]. Memory & Cognition, 1973, 1(1): 19-40.

[68] SPENDER J C. The dynamics of individual and organizational knowledge[M]. London: Sage, 1998.

[69] CEGARRA-NAVARRO J G, PACHÓN J R C, CEGARRA J L M. E-government and citizen's engagement with local affairs through e-websites: the case of Spanish municipalities[J]. International Journal of Information Management, 2012, 32(5): 469-478.

[70] LAGUË É, RHAIEM K. A practical approach to organizational unlearning[J]. International Journal of

Strategic Management, 2014, 14(1): 45-56.

[71] 吴晓波，郭雯，苗文斌. 技术系统演化中的忘却学习研究[J]. 科学学研究，2004（3）：307-311.

[72] 陈春花，金智慧，姜子学. 发展中国家在华投资企业的跨文化管理研究：以印度 K 公司（中国）为例[J]. 中国软科学，2004（12）：70-75.

[73] 周宪，黄晨阳. 组织忘却学习的研究述评[J]. 学术研究，2013（6）：81-86.

[74] CEPEDA G, VERA D. Dynamic capabilities and operational capabilities: a knowledge management perspective[J]. Journal of Business Research,2007,60(3): 426-437.

[75] MARIOTTI J . Change requires learning-and unlearning[J]. Industry Week, 1999, 248(12): 59-60.

[76] CEGARRA-NAVARRO J G, ELDRIDGE S, MARTINEZ-MARTINEZ A. Managing environmental knowledge through unlearning in Spanish hospitality companies [J]. Journal of Environmental Psychology, 2010, 30(2): 249-257.

[77] REBERNIK M, ŠIREC K. Fostering innovation by unlearning tacit knowledge[J]. Kybernetes, 2007, 36(3): 406-419.

[78] YULIYA S. Responding to business model innovation: organizational unlearning and firm failure[J]. The Learning Organization, 2018, 25(3): 662-685.

[79] 李远东. 组织遗忘、突破式创新与组织绩效研究：基于冗余资源的调节作用[J]. 软科学，2016，30（6）：88-91.

[80] 王丽平，赵飞跃. 组织忘记、关系学习、企业开放度与商业模式创新[J]. 科研管理，2016，37（3）：42-50.

[81] 刘盼盼，罗鄂湘. 科技型中小企业组织忘记对商业模式创新能力的影响研究：以组织内学习和组织间学习为中介变量[J]. 技术与创新管理，2017，38（2）：115-121.

[82] 邢丽微，李卓键. 组织忘记、组织柔性与原始性创新：组织学习和冗余资源的调节作用[J]. 预测，2017，36（4）：9-14.

[83] 沈波，吴甜. 知识创新机制：基于组织记忆动态过程的分析[J]. 管理评论，2019，31（9）：94-104.

[84] LEAL-RODRIGUEZ A L , ELDRIDGE S , ROLDAN J L , et al. Organizational unlearning, innovation outcomes, and performance: the moderating effect of firm size[J]. Journal of Business Research, 2015, 68(4): 803-809.

[85] LEAL-RODRIGUEZ A L,ARIZA-MONTES J A,MORALES-FERNANDEZ E J , et al. Assessing the links between organisational cultures and unlearning capability: evidence from the Spanish automotive components industry[J]. International Journal of Innovation & Learning, 2016, 20(4): 422-436.

[86] CEGARRA-NAVARRO J G, WENSLEY A. Promoting intentional unlearning through an unlearning cycle[J]. Journal of Organizational Change Management,2019,32(1): 334-348.

[87] LYU C, YANG J, ZHANG F, et al. Antecedents and consequence of organizational unlearning: evidence from China[J]. Industrial marketing management, 2020, 84(1): 261-270.

[88] KIM D H . The link between individual and organizational learning[J]. The Strategic Management of

Intellectual Capital, 1998, 35(1): 41-62.

[89] HUBER, G P. Organizational learning: the contributing process and the literatures[J]. Organization Science, 1991(2): 88-115.

[90] BARRETT F J, THOMAN G F, HOCEVAR S P. The central role of discourse in largescale change: a social construction perspective[J]. Journal of Applied Behavioral Science,1995, 32(3): 352-373.

[91] STARBUCK W H. Unlearning ineffective or obsolete technologies[J]. International Journal of Technology Management, 1996(11): 725-737.

[92] NISSEN C, SWAROWSKY C, LEIZ M. Age and adaptation to changes in the workplace[J].Journal of Managerial Psychology, 2010, 25(4): 356-383.

[93] CEGARRA-NAVARRO J G, MOYA B R. Business performance management and unlearning process[J]. Knowledge and Process Management, 2005, 12(3): 161-170.

[94] RUSHMER R, DAVIES H. Unlearning in healthcare: nature, importance and painful lessons[J]. Quality & Safety in Health Care, 2004(13): 10-15.

[95] MAKOTO, MATSUO. Effects of team unlearning on employee creativity: the mediating effect of individual reflection[J]. Journal of Workplace Learning, 2018，30(7): 531-544.

[96] CEGARRA-NAVARRO J G, DEWHURST F W. Unlearning as a prior step in the creation of intellectual capital in the organizational context: an empirical investigation[C]//The 4th European Conference on Knowledge Management. [S.L.]: Oxford University,2003.

[97] MEZIROW J. Transformative learning: theory to practice[J]. New Directions for Adult and Continuing Education,1997(74): 5-12.

[98] MEZIAS J, GRINYER P, GUTH W D. Changing collective cognition: a process model for strategic change[J]. Long Range Planning, 2001,34(1): 71-95.

[99] MATSUO M. Goal orientation, critical reflection, and unlearning: an individual-level study[J]. Human Resource Dev Quarterly,2018(29): 49-66.

[100] LEAL-RODRÍGUEZ A L, ELDRIDGE S, ROLDÁN J L, et al. Organizational unlearning, innovation outcomes, and performance: the moderating effect of firm size [J].Journal of Business Research,2015, 68(4): 803-809.

[101] 李玉刚. 企业战略内容解析[J]. 科研管理，2002（2）：104-109.

[102] 冯海龙. 组织学习对战略执行力的影响分析[J]. 管理评论，2010（9）：75-83.

[103] 谭力文，丁靖坤. 21世纪以来战略管理理论的前沿与演进：基于SMJ（2001—2012）文献的科学计量分析[J]. 南开管理评论，2014（2）：84-94；106.

[104] 毛蕴诗，张伟涛，魏姝羽. 企业转型升级：中国管理研究的前沿领域：基于SSCI和CSSCI(2002—2013年）的文献研究[J] 学术研究，2015（1）：72-82；159-160.

[105] BOEKER W. The permanence of organizational strategy[J]. Academy of Management Annual Meeting Proceedings, 1988(1): 2-6.

[106] GIOIA D, THOMAS J. Identity, image & issue interpretation: sensemaking during strategi change[J]. Administrative Science Quarterly,1996(41): 370-403.

[107] JOHNSON G, YIP G S, HENSMANS M. Achieving successful strategic transformation[J]. MIT Sloan Management Review, 2012, 53(3): 25-32；89.

[108] 梁文潮, 龙瑶. 经济新常态下企业资本结构对战略转型绩效的影响：基于交易成本理论的研究 [J]. 经济与管理，2016，30（1）：59-63.

[109] MINTZBERG. The structuring organizations[M]. New Jersy: Prentice-Hall,1979.

[110] ROMANELLI E, TUSHMAN M. Organization transformation as punctuated equilibrium [J]. Academy of Management Journal,1994,37(5): 1141-1166.

[111] VAN De VEN A H, POOLE M S. Explaining development and change in organizations [J]. Academy of Management Review,1995,20(3): 510-540.

[112] BARKER V L, DUHAIME I M. Strategic change in the turnaround process: theory and empirical evidence[J].Strategic Management Journal,1997,18(11): 13-38.

[113] MCKEOWN I, PHILLIP G. Business transformation, information technology and competitive strategies: learning to fly[J]. International Journal of Information Management,2003(23): 3-24.

[114] 陈传明, 刘海建. 企业战略变革的实证研究方法论基础及在中国的应用[J]. 科学学与科学技术管理，2005（8）：127-132.

[115] 李怀祖. 管理研究方法论[M]. 西安：西安交通大学出版社，2004.

[116] CHURCHILL G A. A paradigm for developing better measures of marketing constructs [J]. Journal of marketing Research,1979,16(2): 64-73.

[117] 齐建国. 中国经济"新常态"的语境分析[J].西部论坛，2015（1）：51-59.

[118] 刘羽飞. 新常态下 GR 公司转型战略研究 [D].天津：天津大学，2018.

[119] 张晓峰, 李晓彤, 苏建军, 等. 全球能源互联网背景下山东电工电气制造企业战略转型研究：基于动态能力的视角[J]. 山东大学学报（哲学社会科学版），2018（1）：130 -137.

[120] ANSOFF H I, ANTONIOU P H, SULLIVAN P. Strategic readiness diagnosis [M]. San Diego: United States International University,1995.

[121] GINSBERG A. Measuring and modelling changes in strategy: theoretical foundations and empirical directions [J]. Strategic Management Journal,1988,9 (6):559-575.

[122] 科伦索. 组织变革改善策略：组织演进与变革[M]. 高俊山，贾振全，译. 北京：经济管理出版社，2003.

[123] 钱平凡. 组织转型 [M]. 杭州：浙江人民出版社，1999.

[124] 朱俊, 叶一军. 动态能力视角下的企业战略转型研究 [J].武汉理工大学学报（信息与管理工程版），2004（6）：62-65.

[125] VENKATRAMAN N. IT enabled business transformation: from automation to business scope redefinition

[J].Sloan Management Review,1994,35(2):73-87.

[126] SHAHEEN G T. Approach to transformation[J]. Chief Executive, 1994, 3: 2-5.

[127] BOUNDS G M, DOBBIN G H, FOWLER O S. Management:a total quality perspective [M]. London:International Thomson Business Press,1995.

[128] RUEFLI T W, LACUGNA C J R . Risk measures in strategic management research: auld lang syne?[J]. Strategic Management Journal, 1999, 20(2):167-194.

[129] 贾晓霞，张瑶. 中小制造企业战略转型资源、风险与转型过程的关系研究 [J].经济管理，2012，34（8）：76-88.

[130] 李悦. 组织创新导向的内涵及其对组织创新绩效的影响研究[J]. 中国科技论坛，2012（11）：5-10.

[131] 吴晓云，张峰. 关系资源对营销能力的影响机制：顾客导向和创新导向的中介效应[J]. 管理评论，2014，26（2）：58-68.

[132] DOBNI C B. The relationship between an innovation orientation and competitive strategy [J].International Journal of Innovation Management,2010,14: 331-357.

[133] MENGUC B, AUH S. Creating a firm-level dynamic capability through capitalizing on market orientation and innovativeness [J]. Journal of the Academy of Marketing Science,2006,34(1): 63-73.

[134] MANU F A. Innovation orientation,environment and performance: a comparison of U.S. and European markets [J].Journal of International Business Studies,1992, 23: 333-359.

[135] AMABILE T M. Motivating creativity in organizations: on doing what you love and loving what you do [J].California Management Review,1997,40(1): 39-58.

[136] HURLEY R, HULT T. Innovation,market orientation, and organizational learning: an integration and empirical examination [J].Journal of Marketing, 1998,62(3): 42-54.

[137] 张婧，段艳玲. 我国制造型企业市场导向和创新导向对新产品绩效影响的实证研究 [J].南开管理评论，2010（1）：81-89.

[138] 李玉辉. 演化视角下企业创新导向的提升机理研究 [J].郑州大学学报（哲学社会科学版），2010，43（3）：89-92.

[139] SIGUAW J A, SIMPSON P M. Conceptualizing innovation orientation: a framework for study and integration of innovation research [J]. Journal of Product Innovation Management,2006(23): 556 -574.

[140] GIOIA D A,THOMAS J B, CLARK S M, et al. Symbolism and strategic change in academic: the dynamics of sensemaking and influence [J]. Organizational Science,1994,5(3): 363-383.

[141] ALEJANDRO ESCRIBÁ-ESTEVE, LUZ SÁNchez-PEINADO, ESTHER SÁNchez-PEINADO. The influence of top management teams in the strategic orientation and performance of small and medium-sized enterprises[J]. British Journal of Management, 2009, 20(4): 581-597.

[142] JAWORSKI B J, KOHLI A K. Market orientation: antecedents and consequences [J]. Journal of Marketing,1993,57(3): 53-70.

[143] 贾晓霞, 张瑞. 冗余资源、战略导向对制造业企业战略转型的影响研究[J]. 中国科技论坛, 2013（5）: 85-87.

[144] GAEDEKE R M,TOOTELIAM D H. The fortune 500 list: an endangered species for academic research[J].Journal of Business Research,1976,4(2): 283-288.

[145] BABBIE E R. The practice of social research with infotrak [M]. California: Wadsworth Publishing Company,2000.

[146] DIAMANTOPOULOS A. Modeling with lisrel: a guide for the uninitiated [M]//HOOLEY G J, HUSSEY M K. Quantitative Methods in Marketing. London: Hareourt Braee,1994.

[147] EDMONDSON A C, MCMANUS S E. Methodological fit in management field research[J]. Academy of Management Review, 2007,32(4): 1155-1179.

[148] 李. 组织与管理研究的定性方法[M]. 吕力, 译. 北京：北京大学出版社，2014.

[149] KVALE S. Interviews: an introduction to qualitative research interviewing[M]. [S.L.]: Urol Nurs, 1996.

[150] 杨勃. 外来者劣势的克服机制：组织身份变革与意义给赋 基于中国跨国企业的探索性多案例研究[D]. 沈阳：东北大学，2017.

[151] BARRATT M, CHOI T Y, MEI L . Qualitative case studies in operations management: trends, research outcomes, and future research implications[J]. Journal of Operations Management, 2011, 29(4): 329-342.

[152] MARTIN P Y, TURNER B A. Grounded theory and organizational research[J]. The Journal of Applied Behavioral Science, 1986,22(2): 141-157.

[153] MYERS M D, KLEIN H K. A set of principles for conducting critical research in information systems[J]. MIS Quarterly, 2011,3(1): 17-36.

[154] YIN R K. Case study research: design and methods[M]. Los Angeles: Sage Publications, 2009.

[155] BABBIE E R. The basics of social research[M]. [S.L.]：Cengage Learning, 2012.

[156] 孙永磊. 技术创新网络惯例形成机理研究[D]. 西安：西安理工大学，2014.

[157] 丁鹏飞，迟考勋，孙大超. 管理创新研究中经典探索性研究方法的操作思路：案例研究与扎根理论研究[J]. 科技管理研究，2012，32（17）：229-232.

[158] 贾旭东，衡量. 基于"扎根精神"的中国本土管理理论构建范式初探[J]. 管理学报，2016，114（3）：26-36.

[159] 田庆锋，雷园园，张硕，等. 基于扎根理论的军民融合型企业商业模式创新机理研究[J]. 科技管理研究，2019，39（11）：200-210.

[160] STRAUSS A, CORBIN J. Basics of qualitative research: grounded theory procedures and techniques [M]. 2nd ed. Newbury Park, CA: Sage,1998.

[161] LEE L, WONG P K, FOO M D, et al. Entrepreneurial intentions: the influence of organizational and individual factors[J]. Journal of Business Venturing, 2011, 26(1):124-136.

[162] AKGÜN A E, LYNN G S, BYRNE J C. Antecedents and consequences of unlearning in new product

development teams[J]. The Journal of Product Innovation Management, 2006, 23(1): 73-78.

[163] ERDOGAN N, TOSUN C. Environmental performance of tourism accommodations in the protected areas: case of Goreme Historical National Park[J]. International Journal of Hospitality Management, 2009, 28(3): 406-414.

[164] ARGOTE L. Organizational learning: creating, retaining and transferring knowledge[M]. [S.L.]: Springer Science & Business Media, 2012.

[165] 阮国祥, 毛荐其. 环境变化、组织忘记和新产品开发绩效关系研究: 以吸收能力为调节变量[J]. 科技进步与对策, 2012, 29 (10): 7-10.

[166] 宋哲. 技能衰退与人员流动对于组织遗忘的影响研究: 一个数学框架[J]. 科技管理研究, 2013, 33 (11): 245-248.

[167] 郭秋云, 李南, 菅利荣. 组织忘却情景、即兴能力与突破性创新[J]. 中国科技论坛, 2017 (4): 55-61.

[168] KONTOGHIORGHES C. Linking high performance organizational culture and talent management: satisfaction motivation and organizational commitment as mediators[J]. International Journal of Human Resource Management, 2016, 27(16): 1-21.

[169] THORNBERRY T P. Cultural literacy in criminology[J]. Journal of Criminal Justice Education, 1990, 1(1): 33-49.

[170] 许庆瑞, 贾福辉, 谢章澍, 等. 创新型文化的构建要素研究[J]. 科学学研究, 2004, 22 (4): 426-431.

[171] 陈泞. 基于企业核心竞争力的企业创新文化研究[D]. 成都: 西南交通大学, 2007.

[172] 葛宝山, 谭凌峰, 生帆, 等. 创新文化、双元学习与动态能力关系研究[J]. 科学学研究, 2016 (4): 630-640.

[173] 罗宾斯. 组织行为学: 概念·争议·应用 第七版[M]. 北京: 清华大学出版社, 1997.

[174] 达夫特. 组织理论与设计精要[M]. 李维安, 译. 北京: 机械工业出版社, 2003.

[175] CHANDLER A D. Organizational capabilities and industrial restructuring: a historical analysis[J]. Journal of Comparative Economics, 2004, 17(2): 309-337.

[176] 陈福亮. 扁平化组织中员工激励机制研究[D]. 长沙: 中南林业科技大学, 2011.

[177] AKGÜN A E, BYRNE J C, LYNN G S, et al. Organizational unlearning as changes in beliefs and routines in organizations[J]. Journal of Organizational Change Management, 2007, 20(6): 794-812.

[178] ZAHRA S A, GEORGE G. Absorptive capacity: a review, reconceptualization, and extension[J]. Academy of Management Review, 2002, 27(2):185-203.

[179] CONNER, MARCIA L. The new social learning[M]. Alexandria: ASTD Press, 2010.

[180] 李垣, 刘益. 关于企业组织激励的探讨[J]. 数量经济技术经济研究, 1999 (5): 35-39.

[181] 王云访, 岳颖. 科技企业的创新激励机制研究[M]. 北京: 中国社会科学出版社, 2008.

[182] 刘枭. 组织支持、组织激励、员工行为与研发团队创新绩效的作用机理研究[D]. 杭州, 浙江大学, 2011.

[183] ANAND V. An organizational memory approach to information management[J]. Academy of Management Review, 1998, 23(4): 796-809.

[184] BURNS H. Self-care as a way of being: fostering inner work in a graduate sustainability leadership course[J]. Ecopsychology, 2016, 8(4): 250-256.

[185] BASS B M. A seminal shift: the impact of JAMES BURNS' leadership[J]. leadership quarterly, 1993(4): 375-377.

[186] 孙建国, 田宝. 变革型领导及其对创新文化的影响[J]. 管理评论, 2006, 18（5）: 15-22.

[187] VERA D, CROSSAN M. Strategic leadership and organizational learning[J]. Academy of Management Review, 2004, 29(2): 222-240.

[188] 王雪莉, 张勉, 黄志超. 变革导向领导行为与知识转移: 组织文化、知识转移与接受意愿的中介作用[J]. 兰州大学学报（社会科学版）, 2013, 41（3）: 89-95.

[189] 鲁媛源. 领导行为、组织结构与企业创新绩效的关系研究: 以 M 企业研究院为例[D]. 北京: 首都经济贸易大学, 2015.

[190] SENGE P M. The fifth discipline: the art and practice of the learning organization[M]. [S.L.]: Broadway Business, 2006.

[191] 杨智, 刘新燕, 万后芬. 国外组织学习研究综述[J]. 外国经济与管理, 2004, 26（12）: 15-20.

[192] SZYMURA-TYC M, KUCIA M. Organizational culture and firms' internationalization, innovativeness and networking behaviour: hofstede approach[J]. Journal of Nursing Scholarship, 2016, 47(6): 67-92.

[193] 孟凡华. 组织学习作为创新文化与组织绩效的中介变量研究[D]. 杭州: 浙江大学, 2006.

[194] 李春景. 企业技术创新过程中的组织学习研究[J]. 科技进步与对策, 2003, 20（12）: 77-79.

[195] POWELL W W, KOPUT K W, SMITH-DOERR L. Interorganizational collaboration and the locus of innovation: networks of learning in biotechnology[J]. Administrative Science Quarterly, 1996, 41(1): 116-145.

[196] 秦泗凯. 试论企业组织扁平化及其实现路径[J]. 商业经济, 2010（1）: 42-43.

[197] 李晓倩. 我国企业组织结构扁平化模式的实施及其影响因素研究[J]. 黑河学刊, 2009（3）: 29-30.

[198] 江林, 由蕾. 扁平化组织与网络化沟通[J]. 河南大学学报（哲学社会科学版）, 2002, 42（4）: 73-75.

[199] 肖平. 组织结构扁平化背景下企业人力资源管理的应对策略[J]. 西北工业大学学报（社会科学版）, 2012, 32（4）: 81-84.

[200] 廖飞, 施丽芳, 茅宁, 等. 竞争优势感知、个人声誉激励与知识工作者的内生动机: 以知识的隐性程度为调节变量[J]. 南开管理评论, 2010（1）: 134-145.

[201] 曹丹. 从知识激励机制到学习激励机制: 知识管理激励机制的新发展[J]. 科学与管理, 2007, 27(6): 73-75.

[202] 李毅, 熊阳武. 知识管理、激励与组织学习[J]. 南开管理评论, 2001, 4（3）: 33-35.

[203] LORD R G, HANGES P J. A control system model of organizational motivation: theoretical development

and applied implications[J]. Systems Research & Behavioral Science, 2010, 32(3): 161-178.

[204] BALOFF N, MCKERSIE R. Motivating startups[J]. Journal of Business, 1966, 39(4): 473-484.

[205] MARENGO L, DOSI G, LEGRENZI P, et al. The structure of problem-solving knowledge and the structure of organizations[J]. Industrial & Corporate Change, 2001, 9(9): 757-788.

[206] 王永伟, 马洁, 吴湘繁, 等. 变革型领导行为、组织学习倾向与组织惯例更新的关系研究[J]. 管理世界, 2012（9）: 110-119.

[207] JANSEN J J P, VERA D, CROSSAN M. Strategic leadership for exploration and exploitation: the moderating role of environmental dynamism[J]. Leadership Quarterly, 2009, 20(1):5-18.

[208] 王凤彬, 陈建勋. 动态环境下变革型领导行为对探索式技术创新和组织绩效的影响[J]. 南开管理评论, 2011, 14（1）: 4-16.

[209] HOWELL J M, HIGGINS C A. Leadership behaviors, influence tactics, and career experiences of champions of technological innovation[J]. Leadership Quarterly, 1990, 1(4): 249-264.

[210] WALDMAN D A, RAMÍREZ G G, HOUSE R J, et al. Does leadership matter? CEO leadership attributes and profitability under conditions of perceived environmental uncertainty[J]. Academy of Management Journal, 2001, 44(1): 134-143.

[211] BOLLINGER A S, SMITH R D. Managing organizational knowledge as a strategic asset[J]. Journal of Knowledge Management, 2001, 5(1): 8-18.

[212] GOH S K, LOW B Z J. The influence of servant leadership towards organizational commitment: the mediating role of trust in leaders[J]. International Journal of Business and Management, 2013, 9(1): 17-25.

[213] 潘墨涛. 注视追随力: 构建协作型领导模式的有效途径[J]. 领导科学, 2013（5）: 46-47.

[214] 丁琳, 席酉民, 张华. 变革型领导与员工创新: 领导-下属关系的中介作用[J]. 科研管理, 2010, 31（1）: 177-184.

[215] BASS B M, AVOLIO B J. Transformational leadership development: manual for the multifactor leadership questionnaire[M]. London: Consulting Psychologists Press, 1990.

[216] 梅红, 宋晓平. 领导行为、沟通满意感与组织绩效的相关性研究[J]. 科学管理研究, 2007, 25（5）: 91-94.

[217] KUCZMARSKI T D. What is innovation? The art of welcoming risk[J]. Journal of Consumer Marketing, 1996, 13(5): 7-11.

[218] KRELL E. Business innovation beyond boundaries[J]. Baylor Business Review, 2009, 28(1): 4-13.

[219] 樊耘, 阎亮, 余宝琦. 组织文化激励性与公平性对组织承诺的影响[J]. 软科学, 2011, 25（9）: 86-89.

[220] 何丹, 李文东, 时勘. 组织文化对员工工作满意度和情感承诺的影响: 基于多水平分析的研究结果[J]. 北京工商大学学报（社会科学版）, 2009, 24（5）: 34-39.

[221] ANDERSON J C, GERBING D W. Structure equation modeling in practice: a review and recommended

two step approach [J]. Psychological Bulletin,1988,103(3): 411-423.

[222] 水常青, 许庆瑞. 企业创新文化理论研究述评[J]. 科学学与科学技术管理, 2005, 26（3）: 138-142.

[223] 刘亚军. 企业智力资本、吸收能力及创新文化对技术创新绩效的影响: 基于制造业的研究[D]. 天津: 天津大学, 2010.

[224] 贾晓敏. 领导风格对企业创新文化的影响研究[D]. 重庆: 西南大学, 2016.

[225] 胡赛全, 詹正茂, 钱悦, 等. 企业创新文化、战略能力对创业导向的影响研究[J]. 科研管理, 2014, 35（10）: 107-113.

[226] HURT H T, JOSEPH K, COOK C D. Scales for the measurement of innovativeness[J]. Human Communication Research, 1977, 4(1): 58-65.

[227] 吕飞. 面向全员创新的创新型文化构成要素研究[D]. 杭州: 浙江大学, 2003.

[228] 张玉明, 李荣, 闵亦杰. 企业创新文化真实地驱动了研发投资吗?[J]. 科学学研究, 2016, 34（9）: 1417-1425.

[229] 吴敏. 高新技术企业领导风格对企业绩效的影响研究[D]. 南京: 航空航天大学, 2012.

[230] MARSDEN P V, COOK C R, KNOKE D. Measuring organizational structures and environments[J]. American Behavioral Scientist, 1994, 37(7): 891-910.

[231] 任超群, 陈益丹. 中小企业组织结构扁平化的条件及其途径[J]. 企业经济, 2007（6）: 14-16.

[232] 刘群慧, 胡蓓, 刘二丽. 组织结构、创新气氛与时基绩效关系的实证研究[J]. 研究与发展管理, 2009（5）: 47-56.

[233] 汪惠, 陈建斌, 李玉霞. 企业IT绩效与组织结构维度关系的实证研究[J]. 管理评论, 2011, 23（5）: 47-53.

[234] RYAN R M, DECI E L. Intrinsic and extrinsic motivations: classic definitions and new directions[J]. Contemporary Educational Psychology, 2000, 25(1): 54-67.

[235] GOULET D. Material and moral incentives as economic policy instruments[J]. Humanomics, 1994, 10(1): 5-24.

[236] AMABILE T M, HILL K G, HENNESSEY B A, et al. The work preference inventory: assessing intrinsic and extrinsic motivational orientations[J]. Journal of Personality & Social Psychology, 1994, 66(5): 950-967.

[237] PODSAKOFF P M, TODOR W D, GROVER R A, et al. Situational moderators of leader reward and punishment behaviors: fact or fiction?[J]. Organ. Behav. Hum. Perform, 1984, 34(1): 21-63.

[238] KANKANHALLI A, TAN B, WEI K K. Contributing knowledge to electronic knowledge repositories: an empirical investigation[J]. MIS Quarterly, 2005, 29(1): 113-143.

[239] 陈淑妮, 陈贵壹. 组织激励、组织承诺与忠诚度关系的实证研究[J]. 科技管理研究, 2010, 30（16）: 128-133.

[240] EISENBERGER R, ADORNETTO M. Generalized self-control of delay and effort[J]. Journal of

Personality & Social Psychology, 1986, 51(5): 1020-1031.

[241] SPECTOR P E. Higher-order need strength as a moderator of the job scope-employee outcome relationship: a meta-analysis[J]. Journal of Occupational & Organizational Psychology, 1985, 58(2): 119-127.

[242] 凌文辁, 陈龙, 王登. CPM领导行为评价量表的建构[J]. 心理学报, 1987, 19（2）：199-207.

[243] 李超平, 时勘. 变革型领导的结构与测量[J]. 中国工商管理研究前沿, 2008, 37（4）：803-811.

[244] YUKL G. An evaluative essay on current conceptions of effective leadership[J]. European Journal of Work & Organizational Psychology, 1999, 8(1): 33-48.

[245] 赵永德. 组织遗忘的测量与实证研究[D]. 大连：东北财经大学，2010.

[246] MOORMAN C, MINER A S. Organizational improvisation and organizational memory[J]. Academy of Management Review, 1998, 23(4): 698-723.

[247] 曾俊健. 主动组织遗忘与组织创新关系的实证研究[D]. 广州：华南理工大学，2010.

[248] 李青霞. 组织主动遗忘对动态能力的影响：模型构建与实证研究[D]. 大连：东北财经大学，2011.

[249] BARNEY J B. Organizational culture: can it be a source of sustained competitive advantage? [J]. Academy of Management Review, 1986, 11(3): 656-665.

[250] PRAHALAD C K, HAMEL G. The core competence of the corporation[J]. Harvard Business Review, 1990, 68(3): 79–91.

[251] HALL R. The strategic analysis of intangible resources[J]. Strategic Management Journal, 1992, 13(2): 135-144.

[252] KOGUT B, ZANDER U. Knowledge of the firm, combinative capabilities, and the replication of technology[J]. Organization Science, 1992, 3(3): 383-397.

[253] LEONARD-BARTON D. Core capabilities and core rigidities: a paradox in managing new product development[J]. Strategic Management Journal, 1992, 13(2): 111-125.

[254] TEECE D, PISANO G. The dynamic capabilities of firms: an introduction[J]. Industrial and Corporate Change, 1994, 3(3): 537-556.

[255] 耿新, 张体勤. 企业家社会资本对组织动态能力的影响：以组织宽裕为调节变量[J]. 管理世界，2010（6）：109-121.

[256] TEECE D J, PISANO G, SHUEN A. Dynamic capabilities and strategic management[J]. Strategic Management Journal, 1997, 18(7): 509-533.

[257] 刘井建. 创业学习、动态能力与新创企业绩效的关系研究：环境动态性的调节[J]. 科学学研究，2011（5）：728-734.

[258] 金昕, 陈松. 知识源战略、动态能力对探索式创新绩效的影响：基于知识密集型服务企业的实证[J]. 科研管理，2015（2）：32-40.

[259] HENDERSON J C, VENKATRAMAN H. Strategic alignment: leveraging information technology for

transforming organizations[J]. IBM Systems Journal, 1993, 32(1):472-484.

[260] COLLIS D. How valuable are organizational capabilities?[J]. Strategic Management Journal, 1994(15): 143-152.

[261] HELFAT C E, PETERAF M A. The dynamic resource-based view: capability lifecycles[J]. Strategic Management Journal, 2003, 24(10): 997-1010.

[262] ZOLLO M, WINTER S G. Deliberate learning and the evolution of dynamic capabilities[J]. Organization Science, 2002, 13(3):339-339.

[263] MYLONOPOULOS N, TSOUKAS H. Technological and organizational issues in knowledge management[J]. knowledge & process management, 2003, 10(3):139-143.

[264] DUNCAN R B. Characteristics of organizational environments and perceived environmental uncertainty[J]. Administrative Science Quarterly, 1972, 17(3): 313-327.

[265] MILLER D, FRIESEN P H. Strategy-making and environment: the third link[J]. Strategic Management Journal, 1983, 4(3): 221-235.

[266] DESS G G, BEARD D W. Dimensions of organizational task environments[J]. Administrative Science Quarterly, 1984(29): 52-73.

[267] DESS G G, LUMPKIN G T. Emerging issues in strategy process research[M]. [S.L.]: John wiley & Sons, 2017.

[268] 王莉, 杨蕙馨. 动态环境下的企业网络与组织学习关系模型构建[J]. 山东社会科学, 2008（11）: 151-154.

[269] 谢洪明. 市场导向与组织绩效的关系: 环境与组织学习的影响[J]. 南开管理评论, 2005, 8(3): 47-53.

[270] SHEPHERD W D. Knowledge-based resources, entrepreneurial orientation, and the performance of small and medium-sized businesses[J]. strategic management journal, 2003, 24(13): 1307-1314.

[271] HAGEDOOM J, DUYSTERS G. Learning in dynamic inter-firm networks: the efficacy of multiple contacts [J]. Organization Studies, 2002, 23 (4): 525-548.

[272] 李正卫. 动态环境条件下的组织学习与企业绩效[D]. 杭州: 浙江大学, 2003.

[273] 刘刚, 刘静. 动态能力对企业绩效影响的实证研究: 基于环境动态性的视角[J]. 经济理论与经济管理, 2013（3）: 83-94.

[274] 黄杜鹃, 陈松. 主动组织遗忘对吸收能力的影响: 环境动荡性的调节作用[J]. 科技进步与对策, 2015（17）: 89-93.

[275] 陈国权, 王晓辉. 组织学习与组织绩效: 环境动态性的调节作用[J]. 研究与发展管理, 2012（1）: 52-59.

[276] 谢洪明, 蓝海林, 刘钢庭, 等. 动态竞争理论的研究评述[J]. 科研管理, 2003（6）: 28-35.

[277] 陈娟. 组织学习、动态能力与企业战略变化关系的实证研究[D]. 长沙: 中南大学, 2012.

[278] 卢启程. 企业动态能力的形成和演化: 基于知识管理视角[J]. 研究与发展管理, 2009（1）: 70-78.

[279] HOLAN P M D. Managing organizational forgetting[J]. MIT Sloan Management Review, 2004, 45(2): 45-51.

[280] 焦豪，魏江，崔瑜. 企业动态能力构建路径分析：基于创业导向和组织学习的视角[J]. 管理世界，2008（4）：91-106.

[281] 杨凯靖，陈章旺. 战略转型理论及其发展[J]. 质量技术监督研究，2009（4）：15-20.

[282] 刘海建. 企业组织结构刚性与企业战略调整[D]. 南京：南京大学，2005.

[283] LYLES M A. International joint ventures in transitional economies [J]. Research in Global Strategic Management, 2003, 8(8): 215-233.

[284] GHEMAWAT P . The forgotten strategy [J]. Harvard Business Review, 2003, 81(11): 76-84.

[285] ROUSSEAU D M. The price of success? security-oriented cultures and high reliability organizations[J]. Organization & Environment, 1989, 3(4): 285-302.

[286] LAWSON B, SAMSON D. Developing innovation capability in organisations: a dynamic capabilities approach[J]. International Journal of Innovation Management, 2001, 5(3): 377-400.

[287] SUBBANARASIMHA P N. Strategy in turbulent environments: the role of dynamic competence[J]. Managerial & Decision Economics, 2001, 22(4): 201-212.

[288] 王核成，吴雪敏. 动态能力形成过程分析[J]. 商业研究，2005(14): 37-40.

[289] PRAHALD K. A resource-based theory of the firm: knowledge versus oppoutunism[J]. Organization Science, 1996(7): 477-501.

[290] 曾萍. 学习、创新与动态能力：华南地区企业的实证研究[J]. 管理评论，2011（1）：85-95.

[291] 项国鹏，项乐毅. 环境动态性、企业家战略能力与企业绩效[J]. 商业研究，2013（5）：52-59.

[292] 郑素丽，章威，吴晓波. 基于知识的动态能力：理论与实证[J]. 科学学研究，2010（3）：405-411；466.

[293] GARUD R, NAYYAR P R. Transformative capacity: continual structuring by intertemporal technology transfer[J]. Strategic Management Journal, 1994, 15(5): 365-385.

[294] PROTOGEROU A, CALOGHIROU Y, LIOUKAS S. Dynamic capabilities and their indirect impact on firm performance[J]. Industrial and Corporate Change, 2012, 21(3): 615-647.

[295] PAVLOU P A, El SAWY O A. From IT leveraging competence to competitive advantage in turbulent environments: the case of new product development [J]. Information Systems Research, 2006, 17(3): 198-227.

[296] 刘雪锋. 网络嵌入性与差异化战略及企业绩效关系研究[D]. 杭州：浙江大学，2007.

[297] 曹郑玉. 信息技术能力、动态能力与企业绩效关系研究[D]. 西安：西北工业大学，2010.

[298] SHERWOOD D. The unlearning organization [J]. Business Strategy Review,2000, 11(3):31-40.

[299] CSIKSZENTMIHALYI M. Creativity: flow and the psychology of discovery and invention [J]. Adult Education Quarterly,1997,43(12):823-824.

[300] BUCHEN I H. Creating the future: innovation and the unlearning organization [J]. Foresight, 1999, 1(2): 117-123.

[301] AVOLIO B J, BASS B M, JUNG D. Re-examining the components of transformational and transactional leadership using the multifactor leadership questionnaire[J].Journal of Occupational and Organizational Psychology,1999(72):441-462.

[302] BURNS J M. Leadership [M]. New York: Harper&Row,1978.

[303] FRIEDMAN H H, LANGBERT M. Transformational leadership: instituting revolutionary change in your accounting firm [J]. The National Public Accountant,2000(45):8-11.

[304] WILMORE E L, THOMAS C. The new century: is it too late for transformational leadership? [J]. Educational Horizons,2001,79(3):115-123.

[305] BROWN A L, CAMPIONE J C. Communities of learning and thinking, or a context by any other name[J]. Human development, 1990(21): 108-126.

[306] HORD S M. Evolution of the professional learning community[J]. Journal of Staff Development, 2008(29): 10-13.